古本探究

小田光雄
Oda Mitsuo

論創社

若かりし頃、
いつも古本屋散策をともにした
久保寺良恭氏に

古本探究　目次

1　『未だ王化に染はず』の真の作者は誰か

福武書店が出版業界と現代文学にもたらした影響について、まだ語る時期ではないかもしれないが、一九八〇年代から九〇年代にかけての出版シーンを回想する時、福武書店を外すことはできないだろう。福武書店の文芸書の出版は一九八一年の『海燕』の創刊からと考えられる。そしてここから島田雅彦、吉本ばなな、小川洋子などの新人をデビューさせ、現代文学に大きな貢献を果たし、近代文学に関しては、福武書店と出自を同じくする作家の全集、すなわち『正宗白鳥全集』全三十巻の刊行という快挙を成し遂げている。

それらと並行して、様々な雑誌の創刊、一般書、辞典、児童書、美術書、さらには文庫まで刊行し、総合出版社としての地位を獲得したにもかかわらず、九〇年代末に学習参考書関係を除き、すべて撤退してしまった。「進研模試」を中心とする受験産業の利益があっても、文芸書などの出版を支えることはできず、見切りをつけたと判断すべきだろう。

福武書店の出版活動について、一九八七年に出版社の社史というよりも受験産業の社史の色彩が強い『福武書店30年史』が刊行され、八五年までの出版物は写真入りで紹介されているが、それ以後のデータはなく、福武書店の全出版目録もまだ編まれていないと思われる。また前述の『正宗白鳥全集』を除いて、すべてが絶版であるのに古書価も高くなく、どの分野の書籍も古本屋でよく見かけるし、入手が難しくない出版物であり続けている。

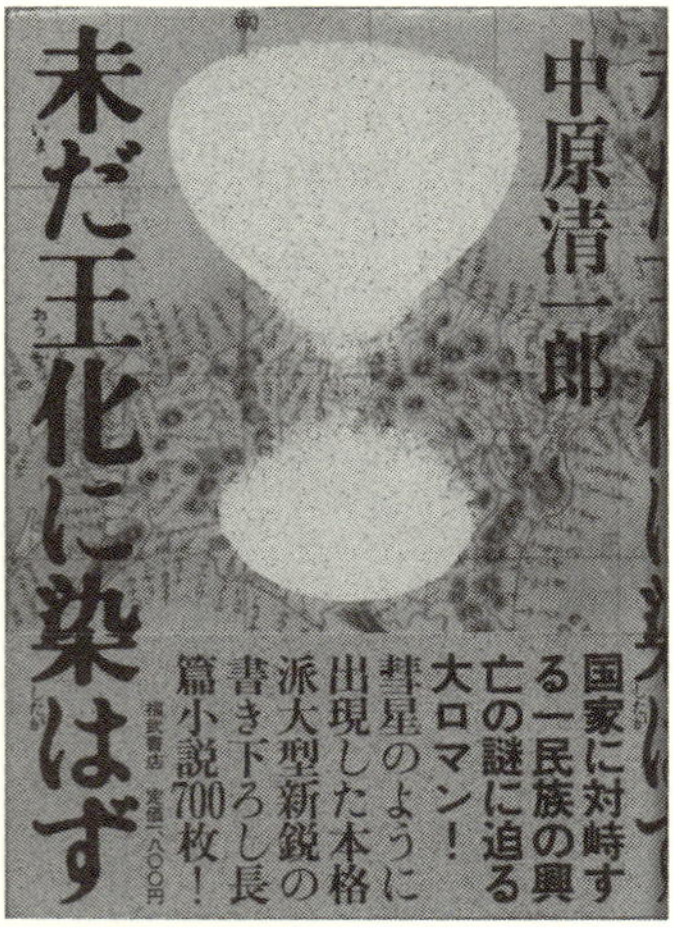

『未だ王化に染はず』中原清一郎、福武書店、昭和61年10月

私個人としても福武書店の出版物全体に関心があるわけではないが、一冊だけずっと気にかかっている本があり、現在でも時々古本屋の棚に見ることができるし、先日も均一台でもう一冊買ってしまった。それは一九八六年に刊行された中原清一郎の『未だ王化に染はず』で、帯には「国家に対峙する一民族の興亡の謎に迫る大ロマン！　彗星のように出現した本格派大型新鋭の書き下ろし長編小説７００枚！」とあった。しかし「彗星のように出現した本格派大型新鋭」とあるにもかかわらず、奥付にも作者に関する紹介、記載はまったくなく、異例の処置と考えるしかなかった。つまり作者、編集者、出版社のそれぞれに何らかの事情と思惑が絡み、作者は作品の背後に身を潜め、編集者や出版社もこの帯文だけで、売り出すことを差し控えているような気配があった。

実際に刊行後も作者の露出はまったくなく、書評も笠井潔のものが出た記憶が残っているだけだ。笠井潔は当時『巨人伝説』（徳間書店）などの「コムレ・サーガ」を書き継いでいたことから、書評を求められたのであろう。これは縄文時代に端を発する日本先住民族「古牟礼民《コムレノタミ》」をめぐる物語であり、『未だ王化に染はず』とテーマが通底しているからだ。

だがこのようなテーマは中原清一郎や笠井潔のオリジナルではなく、多くの作品が先行しているが、それらの中でもミステリとの関連で言えば、一九七〇年代後半に『呪いの聖域』（祥伝社）に始まる「えぞ共和国」五部作を続けて刊行した藤本泉が挙げられる。私はずっと藤本泉のファンであるゆえに、帯文に引かれ、『未だ王化に染はず』を読むことになってしまった。この表題は『日本書紀』の「景行天皇」の巻に現われる蝦夷《えみし》を評した「撃てば則ち草に隠れ追へば則ち山に入る、往古より以来、未《いま》だ王化に染《したが》はず」から取られている。

大学で考古学を専攻し、大学院に進んだ風見諄一の記述、葉書及び随筆の引用から、この物語は始まっている。

風見は神田の考古学専門の古本屋西洋堂で、入手困難になり値上がりしていた卒論に必要な稀覯本を万引きする。それを鳴沢澄夫という謎の青年に目撃される。鳴沢は風見と専攻を同じくする友人の黒木と知り合いであり、鳴沢は独学ではあるが、南方熊楠に私淑し、民俗学を学び、北方古代文化のための自主研究会を主宰している。参加者は考古学、人類学、民俗学を専攻する学生と院生で、なぜか風見の学科の退官した環教授が指導的立場にいるという奇妙な研究会なのだ。この席上で鳴沢は主張する。蝦夷からアイヌ民族の出現に至るまでの旧石器、弥生時代にかけての農耕社会の出現以前は狩猟社会であり、狩猟採集文化を形成してきた。思わず、大江健三郎の『狩猟で暮らしたわれらの先祖』というタイトルが浮かんでしまう。その痕跡は大和朝廷の勝利にもかかわらず、東北や北海道に蝦夷やアイヌ民族の抵抗や反乱として残り、民俗学、考古学のデータがそれを物語っている。

同じことはこの国の至るところに見られます。様々な人種と民族が、この国で混淆し、巨大な渦を巻いているのです。正史が万世一系の天皇を推戴する農耕単一民族の歴史を綴るのは、ただ支配の根拠を与えんがために「永遠の時」を捏造することでしかない。狩猟民の血を引く者が正史の欄外に跋扈して陰の日本史を創ってきたことは少しも触れられていないのです。

それは過去のことばかりでなく、現在でもこの国は「王化に染は」ない「まつろわぬ者」を迫害し、絶滅させようとしているのではないか。鳴沢は風見に頼む。「記録者として、これから起きることを見て下さい」。そして風見は横浜の寿町の運河にある伝馬船に住む鳴沢を訪ねる。すると鳴沢は風見の前に彼の大学の蔵書印のある「諸陵及陵墓参考地ニ関スル御治定資料」という和綴の報告書を差し出した。「マル秘の印と、取り扱い注意の赤文字が書かれ」、風見は「息を呑んだ」。それは宮内庁が管理する各地の天皇陵と、陵墓参考地について書かれた不出の資料だったからだ。天皇一族の陵と墓は東北から九州まで陵は百八十ヵ所、墓は五百五十ヵ所に及ぶが、文化財保護法の指定を受け、発掘調査は進められていない。鴫沢は言う。「ぼくの計画は、陵墓を発掘することです」。

おそらくこの場面は吉本隆明の天皇制に対する発言に影響を受けているのではないだろうか。吉本は「天皇および天皇制について」で書いている。列島の歴史は数千年を遡れるが、天皇制の歴史は千数百年でしかなく、この数千年の空白の時代を掘り起こすことの中に、天皇制の宗教的支配の歴史を相対化すべき鍵が隠されている。だからそれを掘り起こす前提のひとつとして、「天皇陵と称せられているものの徹底的な発掘と調査を実施することである」（吉本隆明編集・解説『国家の思想』初出、筑摩書房、後に『詩的乾坤』所収、国文社）

鴫沢はこの発掘を研究会のメンバーたちと行ない、報告書を環教授が作成し、記録者としての風見の参加を望んでいる。だがそれは刑法百八十九条に「墳墓ヲ発掘シタル者ハ二年以下ノ懲役に処ス」とあるように犯罪になることは明らかだった。しかしこの計画を研究会のメンバーの一人が警察に通報したことで、鴫沢は失踪してしまう。

風見は記録者として鴫沢を追跡し、新潟の五面村を経て、この物語の主要な登場人物たちの故郷にして重要なトポスである北海道知床半島の羆里《くまり》村に向かう。その村の背後に暗火岳がそびえ、幻の狩猟民族の末裔が生きているらしいのだ。鴫沢を追って暗火岳に入った風見は丸太小屋で鴫沢の手記を発見する。鴫沢は狩猟民族の末裔と思われる老人と少年に出会う。自然と共存し、生

『「パルチザン伝説」事件』桐山襲、発行〈パルチザン伝説〉刊行委員会、発行所 作品社、1987年8月

態系を維持して生きてきた狩猟民族に対し、鳴沢は現在という文明の果てにある「壊死の街から派遣された、恐らくは最後の死者なのだ」。老人は言う。「お前、ここに来た。すべて終わった」。二人は発見されたことで滅び、鳴沢も氷の谷間に死に場所を見出した。

だが風見は鳴沢の手記、さらにこれまでの活動や計画が虚構であったのではないかと思う。自ら死の期限を設定し、それを自分に記録させることで、生を虚構のロマンに変貌させようとしたのではないかと。しかし風見は暗火岳を降りる途中で、集団墓に出会う。紛れもない狩猟民の墓だった。風が死者たちのひそやかな声を運んでくるようだった。

『未だ王化に染はず』を風見と鳴沢、それに狩猟民族との絡みで追ってきたが、物語は登場人物たちの関係が複雑で、もう一方にはこれらの関係とテーマを相対化させる物語も配置され、単純な図式で判断することは避けたいのだが、紹介したストーリーの部分にこそ、「彗星のように出現した本格派大型新鋭の書き下ろし」にもかかわらず、ひっそりと刊行された事情が絡んでいると考えざるをえない。それは一九八三年の桐山襲の『パルチザン伝説』（作品社）と関連しているのではないだろうか。この事件については同じ著者、版元による『「パルチザン伝説」事件』に詳しい。『パルチザン伝説』は一九八二年の文芸賞の最終選考の四作品に残り、受賞作にはならなかったが、『文芸』八三年十月号に掲載された。しかし七〇年代後半に企業爆破事件を起こした東アジア反日武装戦線をモデルとし、荒川鉄橋での御召列車の爆破未遂を描いたために、河出書房新社は右翼の抗議を受け、単行本の刊行は中止に追いこまれた。

この当時後に福武書店に入社し、役員になる文芸部門担当の寺田博は河出書房新社に在籍し、右翼との対応に苦慮したはずであり、『未だ王化に染はず』の刊行にあたっても、その記憶が残っていたと思われる。そしてこの小説における反天皇制的言説、陵墓の発掘は拡大解釈すれば、右翼の抗議を受ける可能性もあると判断したのではないだろうか。まして福武書店は河出書房新社と異なり、受験産業であるから、スキャンダルは絶対に避けなければならない。

しかしそれは出版社の事情であり、作者と編集者にしてみれば、おそらく何年もかけた書き下ろしゆえに出版の断念はできない。ただ危惧する部分も含んでいるために、作者は作者で事情があるらしく、中原清一郎というペンネームを採用し、経歴等をまったく伏せて刊行するしかない。このような経緯で『未だ王化に染はず』は出版されたのではないだろうか。

それならば、真の作者は誰なのか。一人だけ心当たりがいた。『未だ王化に染はず』の風見を始めとする主たる登場人物たちは北海道出身で、羆里村が知床半島に設定されているように、この小説のテーマが北海道を抜きにしては成立せず、作者は北海道出身であると推測するしかなかった。そしてさらに文体から判断すると、一九七六年にやはり北海道の炭鉱出身者を主人公とする『北帰行』（河出書房新社）で文芸賞を受賞した外岡秀俊しか考えられなかった。この時の『文芸』の編集長は寺田博だった。十年ぶりの新作で、出版を断念することはしのび難かったと思われる。中原清一郎が外岡秀俊であるとすれば、『未だ王化に染はず』はさらに別の読み方もできる。この小説の最後でも、「記録し、記録し続ける人間であろう」と繰り返し記し、「膨大な資料を積み重ねた後で、単純な一言を書き残し」、しかも「未だ王化に染はず」と結んで、この物語を終えている。外岡秀俊は朝日新聞の記者であるから、この言葉はジャーナリストとしての決意のようにも読めるのである。

だがこれはあくまでも刊行当時の私の推論であり、確かめるつもりもなく、ずっと忘れていた。しかし昨年片づける必要があり、一九七〇年代の『図書新聞』（七七・一・二九）を見ていたら、外岡秀俊のインタビューが掲載され、温めている作品について次のように答えていた。

「部分的には手をつけています。……『未だ王化に染《したが》はず』という題を一応考えています。簡単にいってしまいますと、〝日本および日本人〟というテーマです。」

私の推測は間違っていなかったことになる。

2　倉田卓次と『カイヨー夫人の獄』

桜井哲夫の「第一次世界大戦と精神の危機」というサブタイトルが付された『戦争の世紀』(平凡社新書)を読んでいると、第一章「一九一四年　夏」に「戦争前夜、フランスはスキャンダルに揺れていた」の一節があり、そこで急進党党首ジョゼフ・カイヨーの夫人アンリエットの裁判に五ページほどが割かれ、これが「フランス中を巻き込む大騒動となった事件」と記されていた。

しばらくぶりでこの事件に関する記述に出会い、二十年ほど前に購入した『カイヨー夫人の獄』を思い出した。そればかりか、中野書店の古書目録に続けてこの本が掲載され、十冊揃でそれぞれ三万一五〇〇円と四万七二五〇円で、私が買い求めた時よりもかなり高くなっていることを教えられた。

この本を知ったのは倉田卓次の『裁判官の書斎』(勁草書房)においてだった。同書はどのような分野にも読み巧者がいることを伝え、新鮮な驚きを持って読んだ一冊だった。倉田卓次は元判事で、裁判官歴は三十年であるが、路上読書五十年、厠上《しじょう》読書四十年は東西の古典から推理小

『裁判官の書斎』倉田卓次、勁草書房、1985年6月

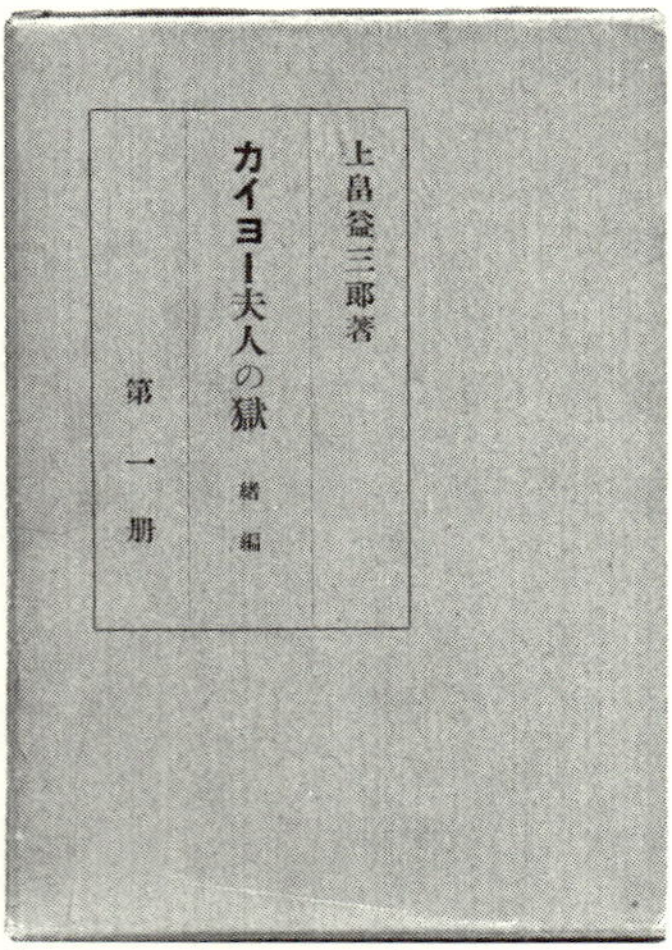

『カイヨー夫人の獄　第一冊（緒編）』著作兼発行者、上畠益三郎、大正15年11月

説、ＳＦ、マンガにまで及び、その卓抜な語学力と奥深い学識ゆえに『家畜人ヤプー』の沼正三ではないかと目された人物でもある。当時確か『諸君！』であったと思うが、倉田のヤプー関連のドイツ語文献の旺盛な読書力から、沼正三＝倉田卓次説が彼の知人によって提出されていた。彼の趣味は読書と散歩で、大正時代生まれの活字中毒者と呼んでかまわないと思う。明治時代の後半になって成立したと考えられる近代読書社会がどれほどの活字中毒者層を出現させたのかは定かでないが、昭和初期の円本や文庫とともに成長した倉田のような世代こそ、最も多くの活字中毒者を生み出したのではないだろうか。

　これは少し脇道にそれるが、明治以来の近代社会は読むことだけでなく、様々な領域において、所謂巧者を出現させたような気がする。見ること、聞くこと、住むこと、食べることと、遊ぶことに関する巧者がかならずいて、これらの巧者たちがそこに楽しみを見出し、文化や芸能を育み、生活に彩を添え、周辺の子供たちにも伝えることで、一種の文化の伝承がなされていく。そのような時代と社会のニュアンスは高度成長期まで残っていたが、それ以後は消滅してしまったように思う。だから倉田卓次のような読み巧者の出現は懐かしく新鮮だったのだ。

その倉田が『カイヨー夫人之獄』(所蔵の本体の表記はこれであるが、箱の表記は『カイヨー夫人の獄』で、中野書店もこちらを採用しているので、二重表記とする)について言及していたのである。勤務先の佐賀の裁判所の資料課倉庫で見つけ、書庫で開いてみると、公判記録であることがわかり、借り出した。学生時代に神田神保町の古本屋街で何度か見かけていたが、「刑事裁判」の本だと思っていなかった。倉田はその読書体験を次のように記している。

> 借り出して読んでみると、素敵に面白い本であった。ここなん年かこんなに夢中になったことはないと言える位の耽読ぶりで、大冊二巻二〇〇〇ページを一気に読了し、役所の本では書き込みできないのが残念で、東京の法律専門古書肆伸松堂に照会発注して、私蔵本一揃いを手に入れた—それ位、面白かったのである。

そして二十ページ近くにわたって、これがどのような事件であったのか、臨場感あふれる八日間の裁判、その構成について紹介し、『カイヨー夫人之獄』が「フランス語翻訳史上の一偉業」、「この埋もれた名著」は復刻に値する大著であり、「講談社学術文庫などでの復刻を期待したい」と結んでいる。だが残念ながら現在に至るまで復刻はなされていない。

ここまで倉田卓次に書かれれば、どうしても読みたくなるではないか。『裁判官の書斎』を読んでしばらくしてから、古書目録で『カイヨー夫人の獄』を発見し、どこの古本屋であるか失念してしまったが、確か二万円ほどで購入したのである。

送られてきた『カイヨー夫人の獄』は菊版箱入りの十冊本で、フランス装の二千ページ強に及ぶ大冊だった。倉田が借り出した二巻本は合本であると思われる。著者兼発行者は上畠益三郎、発売元は、大阪の大同書院、法政書房、東京の巖松堂書店、酒井書店の四書店、刊行年は第一冊から九冊が大正十五年、第十冊が昭和二年とあり、各冊冒頭に寄せられた「序」などから推察すると、大正十五年夏に謄写摺にて配布されたものが好評であったために、著者があらためて印刷製本して自費出版に踏み切り、発売を法律関係書肆である四書店に委託したと考えられる。「凡例」の文言を読むと、実際に印刷、出版に携わったのは彼の友人である奥戸善之助で、分冊形式、フランス装も奥戸の発想であるかもしれない。倉田は奥戸が大阪弁護士界の長老であると記している。

著者の上畠益三郎については『日本人名大事典』(平凡社)に記載がある。それと本書の紹介によれば、明治六年大阪生まれ、東京仏語学校、和仏法律学校を卒業し、検事となり、後に辞して大阪で弁護士を開業し、関西法曹界の重鎮にして衆議院議員、大阪株式取引所理事長を務め、昭和十三年没となっている。

上畠益三郎は大正十二年にずっと反対してきた陪審制度が制定されたことで、逆に陪審制を深く研究し、民衆に啓蒙し、よりよき運用を願うようになった。そこでフランスの裁判傍聴記などを通じて陪審制の研究を志し、大正十二年パリに二ヵ月滞在した際に、陪審裁判を見学し、研究資料を収集した。その一項目が「カイヨー夫人の獄」であり、事件からすでに十年近く経っていたにもかかわらず、まだ生々しい出来事であり続けたようだ。それに法律的、社会的観点からはもちろんのことだが、世界の耳目を集めたのは何よりも事件の興味深さに尽きるだろう。そのことを法律家の立場にいる上畠も正直に書いている。

之を好奇的に観察すれば、事件は単純であるが一代の名士、美人、才媛が悉く其経緯の中に織込まれ、(中略)政治界、新聞界、及び上流家庭の秘事内話に至るまで宛がら活動写真の如く最も鮮明に映写されていく有様、真に人をして事実は小説よりも奇なりと首肯せしむるに足るものが有ります。(傍点省略)

上畠益三郎はパリ滞在中にカイヨー夫人事件関係の資料を精力的に収集し、手荷物として持ち帰った。それは主として公判傍聴記を掲載した裁判雑誌であり、さらに帰国してから外務省で借覧した「本邦唯一のルタン新聞を柱石」とし、様々な参考書類、関係新聞記事を参照し、大正十三年十二月上旬から十四年十一月下旬にかけての一年を費やし、この二千ページ余の大冊を完成させたのである。本人はただ読み、訳し、「筆の赴く所に従って書き流した」と謙遜しているが、わずか一年でこれだけの翻訳を成し遂げたことは確かに倉田卓次が言うように「フランス語翻訳史上の一偉業」であろう。

前置きが長くなってしまったが、『カイヨー夫人の獄』の内容に入ろう。この事件は大正三年、すなわち一九一四年三月十六日午後五時頃起きている。

フランス最古の大新聞『フィガロ』の主筆ガストン・カルメットは現大蔵大臣のジョセフ・カイヨーを政敵と見なし、数ヵ月間にわたって、収賄、搾取、ドイツスパイ、インサイダー取引の容疑で猛烈に攻撃したが、実証できず、何の成果も挙げられなかった。この両者の対立は前者が保守主義者にして絶対的排独主義、後者が左翼の急進党にして平和主義者であったために生じていたのである。

そこでカルメットはカイヨーの秘密の手紙類を入手し、それらを順次新聞紙上に発表し、数ヵ月後に迫った代議士選挙でカイヨーを落選させようとする。カイヨーにとって現夫人アンリエットとの結婚は三度目であり、秘密の手紙の中には結婚前に二人が交わしたものも含まれていた。これらの秘密の手紙は二人に恨みを抱く二番目の夫人ゲイダンによってカイヨーの秘密匣から合鍵で奪われたもので、離婚慰謝料の支払いと交換に焼却したのだが、彼女はそれらを写真に撮って隠し、カイヨーの政敵にわたり、『フィガロ』のカルメットの手中に入ったのである。
この事実を知ったカイヨーは夫人にそれを打ち明ける。夫人は自らの家庭の名誉、夫の政治的生命を守るために、夫の外出を見送り、書き置きを残し、フィガロ社を訪ね、カルメットに面会を求め、途中で購入した拳銃で彼を射殺してしまった。これが「カイヨー夫人の獄」の始まりであり、この事件の公判が七月二十日から二十八日にかけて行なわれ、法廷内でのやり取りが『カイヨー夫人の獄』で詳細に描かれていく。

事件をめぐって検事、民事原告人、弁護士のそれぞれの側から八十人近い証人が参考人に召喚され、事件が立体的に肉付けされ、その流れを十二人の陪審員たちが追っている。これに対して「著者の意見」が五十箇所以上にわたってかなり長く挿入され、また本文上欄に第一分冊に「序」を寄せている著名な刑事弁護士花井卓蔵や前出の奥戸善之助の「鼇頭《ゴウトウ》の評語」(倉田卓次)が三百以上もあり、フランスの裁判が日本人法律家によって注釈され、『カイヨー夫人の獄』をポリフォニックな裁判の書物ならしめている。倉田卓次はこのような戦前の日仏の裁判をめぐる法律家たちのコレスポンダンスに注目し、「素敵に面白い本」と評したのではないだろうか。

この裁判の結果は検事長が確信的殺人であると論告したが、陪審員たちはカルメットに非があると見なし、カイヨー夫人に無罪を下し、裁判長は彼女を無罪放免にするのである。上畠益三郎はこうした無罪を下す陪審制に危惧を表しているようで、「著者の意見」として傷害致死、二年の求刑が妥当ではないかと書き入れている。さらにこの上畠の注視は裁判の進行とともに起きていた「欧州政局の大勢」について、公判日ごとに言及し、第一次世界大戦に向けて流動していくヨーロッパ情勢を併記し、この世界の耳目を集めた「カイヨー夫人の獄」に代わって戦争が浮上してきたことを示唆し、その特異な時代を裁判と戦争によって物語らせているようにも思われる。

専門の出版社や編集者は介在していなかったと考えられる『カイヨー夫人の獄』は当時の法曹界が独力で出現させた書物であり、このようなエネルギーが広い意味での出版活動として昇華したことに驚かざるを得ない。そして大正時代の出版の多様性について教えられる気もするのだ。

なお陪審制だが、大正十二年に制定された後、多大の手数と費用を要するためにあまり実施されず、昭和十八年に「陪審法の停止に関する法律」が出され、そのまま現在に至っていることを記しておこう。

倉田卓次の『裁判官の書斎』は「カイヨー夫人之獄」の他にも、「漱石の『猫』の中の一行について」「魔睡行」「誤訳談義」等の興味深いエッセイがあるが、また別の機会に触れてみたい。同書は好評を得たためか、続編が同じ勁草書房から二冊刊行され、現在は平凡社ライブラリーに収録されている。

3　講談社版『世界名作全集』について

数年前に古本屋で講談社版の『世界名作全集』が棚に七、八冊並んでいるのを見つけた。四六判箱入りの懐かしい本で、小学生時代に図書室で読んだ記憶のあるシリーズだった。その当時書店でもよく売っていたように思うが、いつの間にか見かけなくなり、このように古本屋に揃って並んでいるのを見たのは初めてだった。

あらためて手に取ると、その垢抜けない色彩の装丁は戦後の日本社会を彷彿させ、また世界との距離を明らかに示しているようでもあった。しかしこの垢抜けない色彩の装丁の中に世界の物語が豊饒につめこまれ、私たちに目くるめく思いを与えたのだ。それはまだテレビも出現しておらず、漫画もまだ身近なメディアになっていない時代のことだった。

古書価は一冊三百円で、昭和三十三年刊行時の定価の二百円よりは高かったが、かなり安い値段だと思われた。とりあえず見本代わりにユーゴー原作・松本恵子訳・林唯一画の『ノートルダムのせむし男』を買った。そして数日後に残りを買うつもりで出かけたのだが、すべて売れてしまっていて、全部買っておけばと悔やんだ次第だ。近年の児童書の古本事情についてはまったく

世界名作全集（60）『ノートルダムのせむし男』訳者 松本恵子、大日本雄弁会講談社、昭和33年10月

知らない。それでもやはり求めている読者は少なからずいるのではないだろうか。

まずこのシリーズの書誌的データを講談社の社史から押さえておく。これは昭和二十五年に刊行され、講談社としても特筆すべき戦後の企画であったようだ。戦前の昭和十二年から十七年にかけて、『世界名作物語』のタイトルで二十点刊行したことがあり、それを踏まえての児童書としての世界名作の出版だった。

新たに発足した『世界名作全集』は、過去の遺産の上に立つもので、各巻の訳者、頁数、装幀などほぼ戦前版『世界名作物語』と同じである。それを、あえて新企画としたのは、内容が改訂新稿によることもあったが、この全集によって児童出版部門の軸をつくりたいとの意図があったからである。ただ、その出発はきわめて慎重で、六月に四点、七、八月に各三点と過去の実績で人気の高いものをまず刊行して反響をみるといった進め方であった。翌二十六年三、四月にさらに十点、十一巻〜二十巻を出し、これも成功を収めた。

ここまで来てあらためて長期計画を練り、準備を整えて、昭和二十七年から第二十一巻以下を、ほぼ毎月乃至隔月に平均三点のペースで刊行を続け、昭和三十一年に百五十巻に達したところで一旦休止、三十三年から再開して三十六年二月、百八十巻をもって完結した。

(『講談社七十年史戦後編』)

そして「〝講談社の世界名作〟として、戦後日本の児童出版文化史に不朽の名をとどめる大企画になった」とまで言っている。『講談社の80年』ではカラーで昭和二十五年刊行の十冊の書影と『新約物語』の口絵が紹介されている。この全百八十巻の書名、訳者(編者)、挿絵家の明細は社史にも記されておらず、資料としてもないと思うので、タイトルだけで、百五十巻まででではあるが、私が入手した『ノートルダムのせむし男』の巻末に収録されている一覧を引用しておく【資料1】。あらためてこの一覧を眺めると、小学校の図書室の読書の記憶が蘇ってくる。あのジュール・ヴェルヌの『地底旅行』は誰の訳・挿絵だったのだろうか。その後何種類もの訳本を読んだが、小学生時の『世界名作全集』ほどの興奮と感激はもたらされることがなかった。出版企画と時代の巡り合わせに読書体験も多くを負っているのだ。

しかし講談社の自負とは逆に、所謂児童文学の世界での評価は芳しくなかったようだ。そのために現在でも児童文学史研究の対象にもなっていない。日本子どもの本研究会・編『子どもの本と読書の事典』(岩崎書店)においても否定的言及がわずかにあるだけだ。

これらのシリーズ（『世界名作全集』等―引用者注）が、国際的レベルから見たとき、高い評価を得難いものであることは、今日、明白である。しかし、これらの勢い（戦前からの講談社の圧倒的な年少読者の獲得―引用者注）は戦後も衰えず、草創期にあった学校図書館もその蔵書の大半をこれら全集物で埋めざるを得なかった。

これに対して高い評価を与えているのは、『世界名作全集』と同年に創刊された岩波書店の「岩波少年文庫」である。それは前者が再話、後者が「名作にふさわしい完訳」によっていたからだ。手元にある岩波少年文庫のトルストイの『イワンのばか』は初版が昭和三十年であり、巻末の「岩波少年文庫発刊に際して」には「およそ出版部門のなかで、この部門ほど杜撰な翻訳が看過され、ほしいままの改刪が横行している部門はない」とまで書かれ、明らかに講談社に代表される児童文学を仮想敵とし、それを「粗悪な読書の害」とまで呼んでいる。

しかし小学生時代に図書室で「岩波少年文庫」も読んでいたはずなのに、記憶に残っているのは圧倒的に『世界名作全集』なのである。それの全貌は定かでないのだが、手練れの訳者（編者）たちの再話の見事さと物語のイメージを喚起させる挿絵家たちの力量によっていたのではないだろうか。児童文学の分野において、自分の読書体験に照らしてみても、完訳と再話の功罪を問うことは本当に難しい。そしてまた読書という行為の多様性と奥深さを思い知らされるのである。

それを私より十歳ほど年上のドイツ文学者の読書体験に求めることができる。池内紀の『少年探検隊』（平凡社）はこの一冊が『世界名作全集』に捧げられたオマージュのようで、少年時代に読んだ十九冊の本、『巌窟王』に始まる「聖なる書物」について書かれ、多くの挿絵が『世界名作全集』から引用されている。『ノートルダムのせむし男』にも一章が割かれ、その他にも『家なき子』（久米元一訳・田中光画）、『ジャングル・ブック』（池田宣政訳・トレジイリアン、梁川剛一画）、『覆面の騎士』（久米元一訳・沢田重隆画）、『ロビン・フッドの冒険』（千葉省三訳・梁川剛一画）、『クオレ物語』（池田宣政訳・黒崎義介画）、『西遊記物語』（宇野浩二訳・耳野卯三郎画）、『怪盗ルパン　奇巌城』（保篠龍緒訳・高畠華宵画）、『源平盛衰記』（太田黒克彦編著・山口将吉郎画）などが語られ、それぞれに引用されている挿絵はこの『少年探検隊』の中に収録、配置され、奇妙なことに新たなるアウラを放っているかのようだ。

『少年探検隊』池内紀、平凡社、1992年6月

池内紀は昭和十五年に姫路市で生まれている。戦後の二十四年に父親が死んで五人の子供が残され、母親が働きに出ていた。「昭和二十年代の半ば、生活は貧しく、本もまた粗末だった」。だが初めて図書室に入り、読みたい本が並んで

いるのを見た。「それは私の人生のもっとも喜びにみちた瞬間の一つだった」。池内紀は繰り返し書いている。

L字型をした田舎の小学校の二階のはしに小さな図書室があった。五年生になって、初めて図書室に足を踏み入れたとき、目がくらむ思いがした。自分が二冊きりしかもっていない講談社版「世界名作全集」がずらっと並んでいるではないか。それからというもの、彼は毎日のように階段を上って図書室にやってきた。ビクトル・ユーゴー作・池田宣政訳『ああ無情』が第一巻目、そのあとロバート・ルイ・スチブンソン作・高垣眸訳『宝島』、アレクサンドル・デュマ作・野村愛正訳『巌窟王』、マーク・トウエーン作・太田黒克彦訳『乞食王子』ときて、五巻目がボアゴベー作・江戸川乱歩訳の『鉄仮面』だった。

（「鉄仮面」）

昭和二十年代に少年時代をすごした者には講談社版「世界名作全集」が宝の山だった。（中略）きれいな函入りで、表紙の次に折りたたみ式の色刷りが一枚ついていた。むろん、めったなことでは買ってもらえない。盆と正月の二回だけ。だからどの本にするか、気持がはやってなかなかきめられないのだった。まだ読んだことのない本など買わなかった。（どうしてそんな無謀なことができるだろう！）友達から借りて読んだ本のうち、もっと何度も読みたい本を買った。

（「ロビン・フッド」）

本との出会いと読むことが「喜びにみちた瞬間」であり、本が「この世の真実を伝える証人」であり、本を買うことが心踊る体験であった時代が確かに存在したのだ。池内紀は感嘆符を使用する書き手ではない。思いがつのってしまい、あの少年時代に飛んでしまったのだ。その思いにおいて、世代的に私たちも池内紀の隣人なのだ。私たちはそのような時代から何と遠くまできてしまったことであろうか。

4　松本泰と松本恵子

講談社版『世界名作全集』の『ノートルダムのせむし男』の訳者が松本恵子であることは前述したが、この訳（編訳と言ったほうがよいかもしれない）についても言及しなければならない。なぜならば、講談社のこの企画、再話という編集手法の背後には戦前の翻訳出版史の系譜が流れこんでいると推測できるからだ。

私たちの世代にとって、松本恵子はまず新潮文庫の『あしながおじさん』や『若草物語』、あるいは角川文庫などのアガサ・クリスティの訳者であり、戦前の探偵小説家の松本泰の夫人であったことを知っている読者は少ないと思われる。それに松本泰は中島河太郎の『日本推理小説辞典』（東京堂出版）や『日本ミステリー事典』（新潮社）に掲載されているが、松本恵子の記載はなく、かろうじて『日本近代文学大事典』（講談社）に立項されているだけだからだ。それでも近年「論創ミステリ叢書」に『松本泰探偵小説選』ⅠⅡに続いて、『松本恵子探偵小説選』が収録され、この夫婦の探偵小説家としての側面に新たな照明が当てられたことになる。

しかし松本夫婦は探偵小説家の側面ばかりでなく、出版者、翻訳者としての分野にも注目する必要がある。かつて別のところで、「夫婦で出版を」という表題で、三上於菟吉のサイレン社と長谷川時雨の女人芸術社に触れたことがあったが、松本泰と恵子はそれこそ「夫婦で創作と出版と翻訳を」を兼ねた近代文学史上稀なカップルではないだろうか。

松本泰は明治二十年東京生まれで、慶應義塾大学文学部を出て、『三田文学』に小説を発表していたが、英国に間を挟んで六年間遊学し、大正八年にロンドンで恵子と結婚し、その後帰国してから探偵小説を書き始めている。恵子は明治二十四年函館生まれで、青山学院英文科に学び、日本語の家庭教師としてロンドンに渡り、三年間滞在し、英語を学び、泰と結婚することになる。

そして二人は帰国後の大正十二年から出版社を興し、雑誌や書籍を刊行する。そうした事情を中島河太郎の『日本推理小説史』（東京創元社）の第一巻第二十八章「松本泰と主宰雑誌」、伊藤秀雄の『大正の探偵小説』（三一書房）の第十五章「松本泰と専門雑誌の輩出」を参照し、追跡してみる。

論創ミステリ叢書7『松本恵子探偵小説選』松本恵子、論創社、2004年5月

大正十二年四月に松本泰は自身を編集発行人とし、自宅を発行所とする奎運社という出版社を興し、『秘密探偵雑誌』を創刊した。内容は自らの創作、翻訳短編、長編連載小説、探偵実話等で、恵子は中野奎介（論創社版では圭介）というペンネームで翻

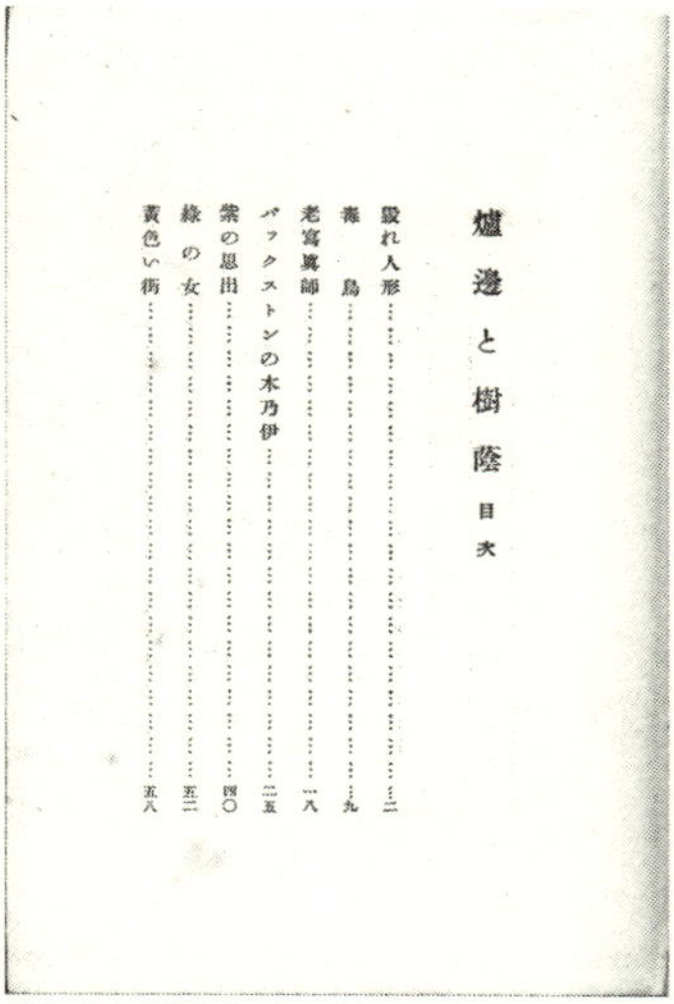

爐邊と樹陰　目次

『爐邊と樹陰』〔目次〕松本泰、岡倉書房、昭和10年11月

現代大衆文学全集第十五巻『松本泰集——欺くべからず外五篇』松本泰、平凡社、昭和3年6月

訳、創作に加わっている。しかし関東大震災の被害を受け、『秘密探偵雑誌』は九月号の五号で廃刊になってしまう。ところが大正十四年三月『探偵文芸』として改題復刊し、大正十五年十二月号まで合計二十号を刊行する。林不忘や城昌幸が捕物帳や怪奇幻想小説を執筆したが、松本夫婦と少数の知人が中心であったこの同人的雑誌は『新青年』に太刀打ちできず、廃刊に追いこまれた。この間に雑誌だけでなく、松本泰の探偵小説、文学作品集、松本恵子、戸川秋骨、畑耕一の著書も刊行しているようだが、奎運社の本はすべて未見であるので、どのような内容なのかは確認できない。

松本泰はこれらの出版事業について、『松本泰集』（『現代大衆文学全集』15、平凡社）に寄せた「自伝」の中で、「自分でも苦笑するような探偵小説家になって」しまい、「月刊秘密探偵雑誌、後に探偵文芸などを出版し」、「悉く失敗に終り、親父の脛は嚙りつくし、借財山の如く」と記している。ここにも一人、出版に敗退した文学者がいる。平凡社の円本印税はその「借財」の返済に回ったのかもしれない。

松本泰の文学作品は読むことができないので、言及しないできたが、昭和十年に刊行された随筆集『爐邊と樹陰』（岡倉書房）の半数近くは上質な短編小説のようであり、松本泰の文学者としての資質を垣間見せている。

冒頭の「毀れ人形」を取り上げてみる。語り手の私は夕陽を好み、欅の大樹の背後に沈む夕陽が窓から見えるカフェをひいきにしている。そこで紅茶を飲んでいると、十六、七年前にロンドンで流行した「毀れ人形」という曲を誰かが口笛を吹きながら通った。私は懐かしさのあまり思わず店の外に走り出た。口笛を吹いていたのは旅芸人一座にいて、独楽廻しをしながら英国の田舎を巡回し、その後私の友人の画家のところに厄介になっていた甚之進という男だった。彼のロンドンであつらえた服装の一式はすっかりくたびれていた。私と彼は友達でもなかったが、彼の記憶の中に若い頃の私の姿がとどまっていることに涙を催すような懐かしさを覚えたのだ。時々このカフェにいるから通りかかったら覗いてみてくれと言って別れた。

甚之進は私の彼女をよく知つてゐた。私の恋文の使をしたのも彼である。けれども私と彼女とは、或時から互の人世を、別々な方向へ歩いて行つた。そして再び会ふべくもない。

世界大衆文学全集第五十四巻『ノートルダムの傴僂男』訳者 松本泰、改造社、昭和5年2月

彼女のはしやいだ笑ひ声、四月の雨のやうな気紛れな彼女の涙、それを知つているのはこの世に甚之進只ひとりである。

私は坂の上に佇つて、段々小さくなつてゆく甚之進の姿を淋しく見送つたのであつた。

このような味わいの作品がいくつもあり、探偵小説家とは異なる『三田文学』系の都会的な文学者を意図せずして表出させている。

私は『爐邊と樹陰』を八千円で買ったが、時々古書目録で見かけると二万円近い古書価であるので、あえて紹介してみた。松本泰はこの随筆集刊行後の昭和十四年に亡くなっている。

さてここでようやく松本夫婦の翻訳に触れることができるが、昭和五年に刊行された改造社の『世界大衆文学全集』と平凡社の『世界探偵小説全集』に収録された作品だけにとどめたい。前者には松本泰訳で『紅はこべ』(23)、『世界怪奇探偵事実物語集』(36)、『ノートルダムの傴僂男』(54)、後者には松本泰訳でウォーレス『鉄槌』(13)、松本恵子訳でアガサ・クリスティ『アクロイド殺し』(18)が収録されている。いずれも昭和円本時代の刊行であるが、一年で松本泰訳が四冊もあり、これには恵子訳も混じっていると考えるのが妥当だろう。私の推測によれば、『ノートルダムの傴僂男』は松本恵子訳だと思われる。なぜならば、『世界名作全集』の『ノートルダムのせむし男』は『世界大衆文学全集』版のリライトであり、この作品だけでなく、他にも多くがリライトされ、収録されているのではないだろうか。

その前に述べておくと、同じく昭和五年に松本泰はゾラの『アベ・ムウレの罪』（改造社）も翻訳しているが、『松本恵子探偵小説選』収録のエッセイで、彼女は『アベ・ムウレの罪』が自分の訳だと告白している。これはフランス語からの全訳ではなく抄訳であり、英語からの重訳だと考えられる。したがって『ノートルダムの傴僂男』も同様であろう。どちらも原書に関する記載がない。

まず両方の書き出しを引用してみる。

千四百八十二年一月六日、巴里市民は朝まだき全市の隅々から殷々と鳴り渡る鐘の音に悦ばしい日を迎へた。

（『ノートルダムの傴僂男』）

一四八二年一月六日、パリ市民は、朝早くから町々に鳴りひびく鐘の音によろこばしい日を迎えた。

（『ノートルダムのせむし男』）

『ノートル＝ダム・ド・パリ』の全訳（ヴィクトル・ユゴー／辻昶・松下和則訳、『世界文学全集』

39、講談社）を参照すると、「いまから三百四十八年六ヶ月と十九日まえのことだが」という書き出しであり、冒頭から異なっている。前者の叙述は手際よく整理リライトされ、英訳の水準をうかがわせているが、後者になると、児童向きに叙述が大幅にカットされ、『世界名作全集』のページに合わせて圧縮されている。したがって、池内紀から私たちに至る世代が『世界名作全集』の『ノートルダムのせむし男』を読んだとすれば、それはフランス語からの原典訳ではなく、戦前の英訳に基づく重訳をさらにリライト、圧縮された物語を体験したことになる。

池内紀は『少年探検隊』の「ノートルダムのせむし男」の章で、挿絵として講談社版『世界名作全集』の林唯一の挿絵を三点引用しているので、こちらも読んでいると思うが、その前に読んだのが大隈三好編著の世界名作物語『ノートルダムのせむし男』（創人社）だと書き、その「絶妙なしめくくり」を読むたびに、「遠い年の日の心のふるえといったものを思い出す」と記し、その部分を引用している。

累々たる死骸の中に奇妙な二つの骸骨が発見された。その一つは女で、かつて白かったらしい衣服の断片と、緑色の玉で飾った袋が白骨の上に残っていた。この骨をかたく抱くようにして男の骸骨があった。背骨が曲がり、頭蓋骨が肩の中につまり、一方の足がひどく短かった。首の骨が砕けていないのは絞殺されたものではない証拠だった。この抱き合った骸骨を引きはなそうとしたとき、白骨はこなごなに崩れてしまった。

このクロージングを池内紀がわざわざ長く引用しているのは講談社版の『ノートルダムのせむし男』の終わりとまったく異なっているからだ。講談社版は次のようなものだ。

なにはともあれ、パリ市民は、せむしの鐘つき男が姿を消して後、ノートルダム寺院の鐘が、むかしのいきいきしたひびきを失ったことに気づいて、ふしぎがったということである。

ところがである。『世界大衆文学全集』の『ノートルダムの傴僂男』の最終部分を引用してみる。

累々たる死骸の中に奇妙な姿勢をした二つの骸骨が発見された。その一つは女で會つて白かつたらしい衣物の断片と、首の辺に緑色の南京玉で飾つた絹の空袋の口が開いたままになつて白骨の上に遺つていた。恐らくそれは絞刑吏が没収する価値のないものとして棄てておいたものであらう。その骨を堅く抱いているのは男の骸骨で、背柱が曲り、頭蓋骨が肩の中に埋まり、一方の足が酷く短かつた。首の骨が砕けていないのは絞殺されたものでない証拠である。彼は其処に入つて来て、其処で死んだに違いない。この抱き合つている骸骨を発見したものが、二つを引き離そうとした時、白骨は粉々に崩壊れて了つた。

これから明らかなように大隈の『ノートルダムのせむし男』は『ノートルダムの傴僂男』を少しずつカットしながらリライトというよりも、そのまま引き写したものである。大隈三好編著も松本恵子訳も別のもののように見えるが、実際には戦前の英訳からの重訳のリライトによって成立していたことになる。

戦後になって様々に刊行された世界の児童文学関連の全集等もこのような戦前訳のリライトの可能性が多分にあると思われる。

5　偕成社と児童書

講談社版『世界名作全集』の『ノートルダムのせむし男』を買った頃はよく知らなかったが、その後京王百貨店新宿店で開かれた二〇〇六年「新春蔵開き　第六回古書市」の目録が送られてきて、青梅多摩書房が書影入りで、戦後の講談社の絵本から戦後の光文社や偕成社の児童読物を数多く掲載し、戦後の児童書も平均して三千円ほどの古書価がつけられていたので、やはりこうした分野も本気で収集するとなれば、労力ばかりでなく、金銭的にも困難であることを知らされた。児童書の専門古書書店は少ないと聞いているが、青梅多摩書房はその少ない一店なのだろうか【資料2】。

書影の中に古本屋の均一台から拾った同じシリーズ本も混じっていたので、探してみると、光文社の『少年探偵怪人二十面相』と『少年探偵怪奇四十面相』(それぞれ『江戸川乱歩全集』1と8)、偕成社の高木彬光『復讐鬼』(『世界名作文庫』)、村上元三の時代小説『白馬の密使』が出てきた。いずれも昭和二十年代に初版が刊行され、繰り返し読まれたためか、表紙カバーがなかったり、破れたり、焼けたりしていて保存状態は悪く、用紙はザラ紙に近いもので、当時の出版事

世界名作文庫・104『復讐鬼』高木彬光、偕成社、昭和29年12月

江戸川乱歩全集①『少年探偵 怪人二十面相』江戸川乱歩、光文社、昭和22年7月

情をうかがわせている。

　戦後の児童書出版は敗戦と占領による民主主義教育政策と切り離して語れない。昭和二十二年に教育基本法と学校教育法が公布され、それに伴い、すべての学校に図書室の設置が促され、二十五年に全国学校図書館協議会が創立、二十八年に学校図書館法が成立し、『日本児童図書出版協会四十年史』（同会）によれば、これによって学校図書館予算として七十五億円が計上された。二十七年の書籍総売上が二百六十億円であったことを考えると、いかに大きな金額かわかるだろう。

　このような戦後の状況を背景として、ポプラ社、理論社、あかね書房、福音館書店といった現在の主な児童書出版社も創業し、岩波書店の「岩波少年文庫」や講談社の『世界名作全集』を始めとする多くの児童書のシリーズが刊行され、池内紀から私たちの世代にかけて、小学校の図書室でこれらの児童書と出会うことになるのである。

したがって私が入手した光文社や偕成社の児童書もこのような状況の中で刊行されていたことになる。まずは江戸川乱歩の二冊に触れてみよう。江戸川乱歩の『探偵小説四十年』(『江戸川乱歩全集』14・15、講談社)に「光文社の神吉晴夫」という一節があり、それらの出版事情が述べられている。昭和二十二年の春頃、戦前に講談社から出ていた『怪人二十面相』などの四冊を光文社から出版したいと神吉晴夫から申しこまれた。

そして最初に出版されたのが『怪人二十面相』で、昭和二十二年六月であった(七月五日初版発行、昭和三十年二月二十日　廿五版発行と奥付に記されている—引用者注)。七月には『少年探偵団』、二十三年四月には『妖怪博士』と出版されたが、これがみなよく売れた。(中略)そんなわけで、私の少年もの出版は、当時ベストセラーなど出していなかった光文社の小さなドル箱になったのである。

これらの作品を含んだ「少年探偵団シリーズ」が乱歩の最晩年に『少年探偵江戸川乱歩全集』全四十六巻としてポプラ社から刊行されているが、戦後の高度成長期の只中にあっても衰えることのなかった乱歩の人気を物語っていよう。それもまた光文社版から始まっていたのだ。

『偕成社五十年の歩み』〔非売品〕、偕成社、1987年11月

『白馬の密使』〔扉〕村上元三、偕成社、昭和29年6月

次に偕成社に移る。偕成社は元安田銀行員だった今村源三郎によって昭和十一年に創業され、児童書、人生論、教養書などからスタートしたが、昭和十五年頃から児童読物、少年少女小説、科学冒険小説を出版し、十七年からは芹沢光治良、伊藤永之介、船橋聖一、和田伝、円地文子などの作家たちに書き下ろし少年少女小説や偉人伝を依頼するようになった。『偕成社五十年の歩み』（「偕成社図書年表」収録）にも戦前の事情は資料不足ゆえに詳しくは述べられていないのだが、偕成社は編集長の久保田忠夫（後に営業の田中治夫とポプラ社を創業することになる）の人脈ゆえなのか、文学界とのつながりが強かったようで、それが戦後まで続いて執筆陣の特色となり、企画の推進の力になったと推測される。『偕成社五十年の歩み』は述べている。

戦前からの少年少女小説は、柴田錬三郎、高木彬光、山岡荘八、円地文子、大林清らを中心に偕成社の出版点数の主力を占めていたが、昭和二十五年からはさらに壇一雄、伊馬春部、藤沢恒夫、芝木好子、島田一男、橘外男、山手樹一郎らが加わって健筆をふるった。

村上元三の『白馬の密使』もこうした一冊であったのだろう。

これらの少年少女小説と並行して、昭和二十四年から『偉人物語文庫』（全百十巻）、二十五年から『世界名作文庫』（全百四十巻）が刊行され始め、二十六年創刊の『図説文庫』とともに、戦後の十数年の偕成社出版活動を代表する三大シリーズになった。

高木彬光の『復讐鬼』は『世界名作文庫』の一冊であり、原作は大デュマの『ダルタニャン物語』の第五巻『復讐鬼』のリライトと見なしてかまわないだろう。おそらく昭和二十七年に講談社から刊行された辰野隆監修『ダルタニャン物語』（全十一巻）に基づいていると考えられる。

『偕成社五十年の歩み』は次のように記している。

〈世界名作文庫〉はいうまでもなく、現在も読み継がれている世界文学の名作を、子どもに読みやすく翻訳したもので、柴田錬三郎、芝木好子、円地文子、高木彬光、富沢有為男、北条誠、福田清人、西条八十、宇野浩二、中河与一、香山滋、大原富枝、藤原審爾ら総勢四十六名の執筆人が七年の歳月をかけて完成した。このシリーズは三十五年後の今日も販売されており、偕成社のロングセラーの一つになっている。

これは二十年前の記述であるので、偕成社に問い合わせたところ、現在は刊行していないという返事だった。それでも他の分野の本に比べて、あるいはまた現在のあわただしい本の動きに比べれば、児童書特有の戦後的ロングセラーであったと言うべきだろう。付け加えれば、担当した文学者たちの文章力もあったと考えたい。

講談社版の『ノートルダムのせむし男』と異なり、『復讐鬼』の巻末には百四十巻までであるが、原作者、訳編者、内容紹介が掲載されているので、その組合せが興味深い。『ハムレット』と森三千代、『ベニスの商人』と芝木好子、『ウィリアム・テル』と円地文子、『オデッセイ物語』と小田獄夫、『家なき子』と宇野浩二、『戦争と平和』と藤原審爾という組み合わせはこうした児童書企画でなければ、成立しなかったように思われる。彼らはいずれも売れなくなった文学者、あるいはまだ売れずにいる文学者たちで、この時代にあって児童書の仕事が支えになっていたと推測できる。

彼らの中でも最も多い十三冊を担当しているのは柴田錬三郎であり、彼は戦後失業し、妻が結核療養所に入り、娘と二人で暮らしていた時にこの仕事を引き受けたのだ。

さいわい、児童出版専門のK社が、月一冊ずつ、世界名作物語を書き下ろして欲しい、と依頼してきたので、それで、飢餓からはまぬがれた。

思えば、世界の名作を、児童用に書きなおす仕事は、後年大衆作家になる上で、大いに役立った、といえる。

（『わが青春無頼帖』中公文庫）

それならば、柴田錬三郎が「世界の名作を、児童用に書きなおす仕事」に使った原典は何であったのだろうか。十三編のうち、リットンの『ポンペイの最後の日』を始めとする八編が重複していることを考えると、これもまた改造社版の『世界大衆文学全集』所収の同じ作品に基づいていると断言していいだろう。まさにそこで「大衆作家になる」修行をしたのだ。『ノートルダムの傴僂男』もあるので、これもおそらく松本泰訳をリライトしているのだろう。

これは柴田錬三郎個人に特有な手法ではない。他の文学者たちも同様なのだ。だから講談社の『世界名作全集』も偕成社の『世界名作文庫』も、さらにその他の多くの児童書の世界名作シリーズは先行する翻訳をテキストとしたリライト、再話であり、ある時代の出版物がまったく独立して存在するのではなく、絶えず連鎖して様々に継承されていったという出版史を示唆している。

昭和三年から六年にかけて、改造社から刊行された『世界大衆文学全集』全八十巻は平凡社の『現代大衆文学全集』の成功を受けて企画されたもので、菊版半截というB６判の五十銭本であり、探偵小説が二十冊以上含まれていて、十万部以上の売れ行きを示したようだ。そのために戦後でも入手は容易で、手軽に利用することが可能だったのであろう。そしてそのエキスは児童書の世界名作シリーズの中に注入され、再生し、子供たちに長らく読み継がれた。さらに大衆小説の祖型となり、柴田錬三郎の眠狂四郎シリーズにも流れこんだ。

しかしこの『世界大衆文学全集』は出版史、翻訳史においてもほとんど言及されることもなく、八十年以上が過ぎてしまった。その全八十巻の明細を示すことで、先人たちの労をねぎらいたいと思う【資料3】。

6　真善美社と月曜書房

戦後数年間の出版業界において、何よりも特徴的だったのはそれこそ雨後の筍のように生まれた出版社の数であろう。昭和二十年末に六百社に充たなかった出版社は、二十一年には約二千五百社、二十二年には約三千五百社、二十三年には約四千六百社を数えるに至った。

しかし「出せば何でも売れた」出版業界の景気は昭和二十一年までで、二十二年頃から過剰生産による膨大な返品が生じ、また戦前統制下に設立された出版物の一元配給を担った日本出版配給株式会社（日配）が二十四年にＧＨＱから閉鎖指定を受けたことで、出版業界は不況に突入し、昭和二十四、二十五年には出版社の倒産が相次ぎ、二十六年には千九百社に激減している。三年間で三千社近くが消滅したことになり、すさまじいまでの出版社の倒産が毎日のように起きていたのだ。

もちろん何の理念もなく興され、出版史にも残らない新興出版社も多かったであろうが、戦後の文学史と併走し、その出版企画や刊行物によって、強い印象を残している出版社も確実に存在する。真善美社と月曜書房もそのような出版社であり、意識して集めてきたのではないが、それ

『不毛の墓場』馬淵量司、真善美社、昭和23年1月

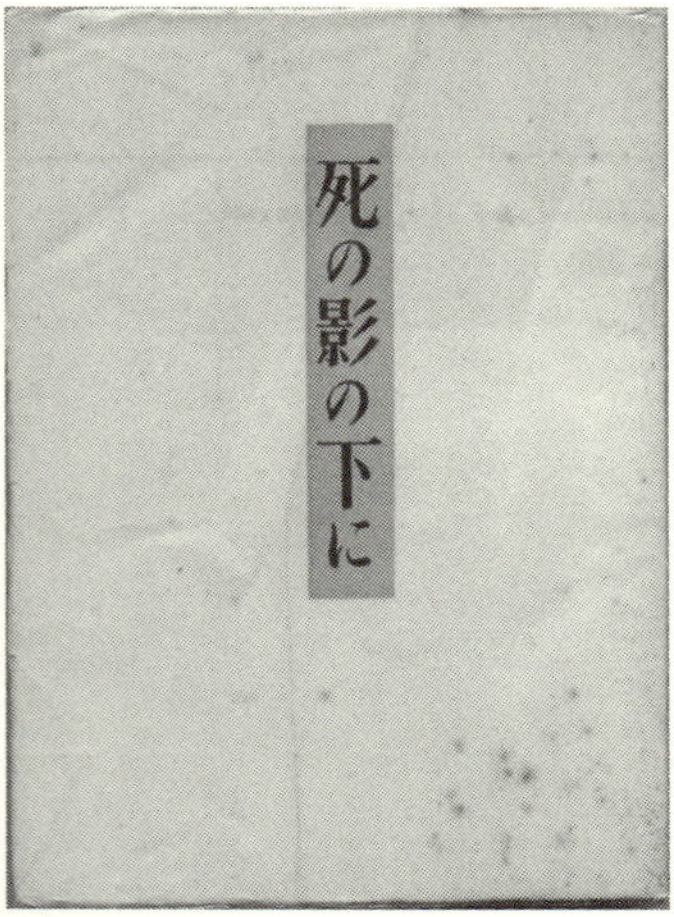

『死の影の下に』中村真一郎、真善美社、昭和23年12月

ぞれ二冊ずつ古本屋で拾ってきたので、書いてみることにしよう。その前に書名を記しておくと、前者は中村真一郎『死の影の下に』、馬淵量司『不毛の墓場』、後者は岡本太郎『母の手紙』、W・サロイアン『わが名はアラム』（清水俊二訳）である。

　この両社について、埴谷雄高は戦後文学史というよりも、出版史の趣がある『影絵の時代』（河出書房新社）の中で、次のように書いている。

　赤坂溜池にあった真善美社が、廃墟から現われたパルチザン達の最初の根拠地となったことはすでに幾度も述べているが、ここに現われた月曜書房は、いってみれば、花田清輝が選んだ第二の根拠地であって、本郷三丁目へ移った真善美社

『わが名はアラム』ウイリアム・サロイアン著、清水俊二訳、月曜書房、昭和26年3月

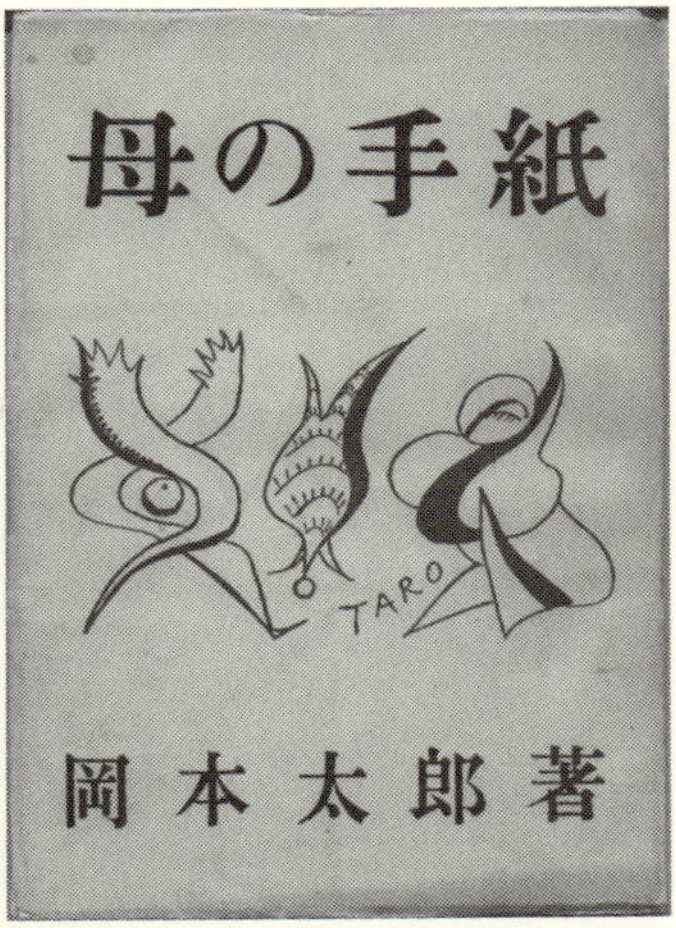

『母の手紙』岡本太郎、月曜書房、昭和25年1月

が悲愴に瓦解したあとも暫らくはそれらのパルチザン達を懸命に支えていたのが月曜書房であったことは、この書房が設立した「戦後文学賞」という新しいかたちにも現われているのである。

　この埴谷の文章を補足すれば、花田清輝の『綜合文化』、埴谷たちの『近代文学』、それから彼らが結成した「夜の会」の背後に真善美社と月曜書房が控え、資金的な後ろだて、著書の刊行まで担当したことを意味している。実際に埴谷雄高は真善美社から『死霊』、月曜書房からは『不合理ゆえに吾信ず』を出版している。

　真善美社については経営者であった中野達彦、泰雄兄弟による詳細な証言（小川徹『花田清輝の生涯』思想の科学社）、さらに弟の泰雄の「真善美社始末」（『花田清輝全集』別巻2、「月報」17所収、講談社）、加えて全集同巻に「我観社・真善美社刊行目録」と『綜合文化』の全目次が収録されたことで、その経緯と出版活動の全貌が明らかになった。

祖父の三宅雪嶺から強く頼まれ、父の中野正剛が主宰していた雑誌『我観』の後刊を決意した達彦、泰雄兄弟は昭和二十年十月号として復刊し、十一・十二月合併号を出し、新年号から『真善美』と改題する予定だった。

その編集のために花田清輝が第四号から加わり、雑誌だけでなく単行本も刊行するようになり、花田の『復興期の精神』などが出された。『真善美』は昭和二十一年十一・十二月号で休刊になり、我観社は真善美社と社名を変更し、単行本の出版に集中するが、それらはほとんど花田清輝の企画であった。

さらに花田は出版活動と文化活動の結合を考え、『近代文学』と「マチネ・ポエティク」の同人を集め、雑誌『綜合文化』を昭和二十二年から刊行する。そのかたわらで花田の企画と中村真一郎の命名による「アプレゲール・クレアトリス」という戦後文学の始まりを象徴する叢書を二十三年までに九冊出版する。その明細は『日本近代文学大事典』にも掲載されていないので、ここに記しておこう。

1　野間宏『暗い絵』

2 中村真一郎『死の影の下に』
3 馬淵量司『不毛の墓場』
4 福永武彦『塔』
5 田木繁『私一人は別物だ』
6 竹田敏行『最後に退場』
7 小田仁二郎『触手』
8 安部公房『終わりし道の標べに』
9 島尾敏雄『単独旅行者』

前述したように、私の手元にあるのは2と3で、四六判並製、粗末な用紙と美しくない印刷であり、当時の用紙と印刷事情をうかがわせている。しかしそこにこめられた文体と表現は戦前の既存の文学を超えようとする意志が明確に表出し、戦後の始まりにおけるあらたな文学的拮抗を形成していると思われる。

それを現在では忘れ去られてしまった馬淵量司の『不毛の墓場』にも感じることができる。四つの中短編からなるこの作品集のうちの表題作である「不毛の墓場」は明らかにポール・ヴァレリーの『テスト氏』の影響下に書かれた作品であり、ヨーロッパ的文体と表現で、日本におけるテスト氏のような人物の確立をめざしている。謎めいた一人の男が知り合いになった青年とかつての恋人だったらしい女性の二人の視線によって描かれていき、その男の存在自体が何か「神話」めいた余韻を残し、女と出会う墓場の場面で終わっている。

この作品を読んだ時は予想もしていなかったが、しばらくして意外なところで、馬淵量司と『不毛の墓場』に再会した。それは「別冊太陽」の『発禁本Ⅲ』においてであり、「愛好家に夢を与えた美和書院主宰、馬淵量司」とあった。馬淵は慶應義塾大学予科出身で、戦前に白井浩司などと同人雑誌を創刊し、注目を集めたが、『不毛の墓場』刊行後、筆を断ち、昭和二十六年にポルノグラフィを中心とする美和書院を設立している。城市郎の記述を引こう。

西洋の代表的艶本三点（うち一冊が風俗禁止）を刊行。翌二十七年から三十一年にかけて、江戸期や近代の名だたる好色文献十九輯（うち二巻は風俗禁止）を、（中略）表紙木版印刷、本文和紙の高雅な装幀で限定刊行し、（中略）巷に氾濫する安手（仙花紙）の類書に飽き足りぬ読者の渇望に応え、梅原北明の再来かと、ひととき斯界に名を馳せた。だが（中略）無念にも力尽き、五年であえなく幕をおろす羽目になる。

「西洋の代表的艶本」とはクレランドの『ファニー・ヒル』などで、いずれも原笙二訳となっているが、馬淵自身の訳ではないだろうか。馬淵だけでなく、この時代に戦前からの外国文学者たちがポルノグラフィの出版や翻訳に携わっている。矢野文夫や平野威馬雄もそうであり、紫書房や風俗文献社もそれらの人脈によって成立していたように思われる。つまり戦後の一時期、一攫千金を狙う新興出版社ばかりでなく、文学に携わっている多くの人々が出版に参入したと見なすべきであろう。

さて少しばかり脇道にそれてしまったので、真善美社に戻ることにしよう。このような真善美社の出版活動の資金はすべて中野正剛の遺産を処分してまかなわれた。中野泰雄の報告によれば、「真善美社は達彦の個人会社を肉体とし、花田清輝の『精神』によって運営されてきた」が、二十三年十二月には空中分解をとげてしまった。売れない雑誌と書籍が迎えた末路であり、資金が続かなかったのだ。だが注ぎこまれた金額は膨大なものだった。採算を度外視し、資本の続く限り出版をやろうと考え、『真善美』を戦前の『改造』や『中央公論』のようにしたいという総合雑誌神話に取りつかれていたからだ。

亡父の遺産は東方会本部の敷地および振東塾道場の敷地建物をふくめて、当時の処分価格で一千万円をこえ、現在では数十億円以上にのぼる不動産が真善美社に投入されることとなった。

わずか数年でこの資金を蕩尽してしまったことになり、「アプレゲール・クレアトリス」という叢書もこのような蕩尽の上に成立していたのである。

だが確実に真善美社の出版は波紋を広げていき、『復興期の精神』を読んで感動した岡本太郎が花田清輝を訪ね、「夜の会」が結成され、そこに真善美社に代わる拠点として月曜書房が登場するのである。私が月曜書房の名前を知ったのは埴谷雄高の『不合理ゆえに吾信ず』の初版の出版社としてで、ちょうど同じ頃読んでいた野間宏の『崩壊感覚』の中で、「及川隆一は月曜書房の前から、右手の堀ばたの堤の上の小径にはいって行った」という文章に出会い、月曜書房の名が記憶に残った。

幸いにして月曜書房に関しても、花田清輝の紹介でそこに入社し、編集者として過ごした野原一夫の『編集者三十年』（サンケイ出版）の中で、一章が「月曜書房の三年間」に割かれている。彼は新潮社、角川書店、月曜書房を経て、筑摩書房に入り、戦後の出版界を四社も経験していることもあり、平板でない戦後出版史の報告となっている。

月曜書房は昭和二十一年春頃に創立され、創業者は大手建設業者の前田建設一族の三男の前田隆治だった。彼は一族会社に入ることを潔しとせず、資本金の十九万五千円を前田建設に仰ぎ、千代田区富士見町の前田邸の応接間を事務所として、月曜書房を発足させた。これが『崩壊感覚』に出てくる建物だと思われる。

その二年後に東大の西洋史学科を出た永田宣夫が編集責任者となり、岡本太郎を通じて「夜の会」と接触し、岡本の『画文学アヴァンギャルド』を刊行する。この「夜の会」には奈良の三興出版社の在京代表として五味康祐も姿を見せていたという。私の買った岡本の『母の手紙』も永田の編集であろう。そして花田清輝が編集顧問となり、「夜の会」と月曜書房の関係は緊密化し、二十四年に花田の『二つの世界』、梅崎春生『桜島』、椎名麟三『深尾正治の手記』などが刊行され、また月曜書房によって「戦後文学賞」が設けられ、第一回は島尾敏雄『出孤島記』、第二回が安部公房『赤い繭』に与えられた。つまり島尾敏雄も安部公房も「アプレゲール・クレアトリス」の著者であり、花田清輝ともどもそのまま月曜書房に移ったことになる。そして二十六年に安部の作品集『壁』が刊行され、第二十五回芥川賞を受賞したが、増刷したにもかかわらず、それほど売れなかったようだ。

「夜の会」の会員たちの本も赤字続きで、永田は編集長の地位を野原に譲り、営業の責任者となった。前田は文学には何の関心もなく、前田建設の保証で資金繰りをしていたが、赤字は累積するばかりだった。そこで野原は翻訳出版に目をつけ、日系二世の戦記『皇道遥かなり』を刊行し、月曜書房の初めてのベストセラーとなった。

その後も翻訳途中でノーベル賞を受賞したフォークナーの『サンクチュアリ』、コールドウェルの『巡回牧師』、リチャード・ライトの『ブラックボーイ』、後に筑摩叢書に入るヘイエルダールの『コン・ティキ号探検記』等を出し、刊行物の八割以上が翻訳で占められるようになった。『わが名はアラム』の清水俊二の「あとがきに代えて」に「月曜書房の野原一夫君にいろいろお世話になった」という謝辞がある。だがやはり翻訳出版も赤字を脱することができず、昭和二十七年の暮れに月曜書房は倒産した。前田建設からの会計検査を受け、回復不能として見放されたゆえの倒産だった。

真善美社と月曜書房の倒産は共通している。スポンサーの資金提供者がいて、戦後の文学者たちがその企画編集に絡み、時代の先をいく運動体を兼ねた出版を試みたが、黒字を生み出す出版業とならず、あえなく敗退していったと見るべきだろう。それぞれ回想はかなりの歳月を経ているので、生々しくもなく淡々としているが、その当時はきっと修羅場であったと思われる。だが真善美社や月曜書房の本はまだ古本として流通し、入手することができる。出版社の寿命は誠に短いが、本の生命は長い。

7　阿蘭陀書房と『異端者の悲み』

しばらく前に谷崎潤一郎の『異端者の悲み』を入手した。大正十年三月の刊行、出版社は神田区表神保町の千山閣書店、発行者は杉浦正年であり、定価は一円五十銭と奥付に記され、四六並製のフランス装だったが、保存状態が悪く、背が半ばはがれていたので、古書価は千円となっていた。そして奇妙なことに表紙には「千山閣出版」、奥付には「異端者の悲しみ」と二重表記され、文芸書の版元としてはちぐはぐさを感じさせた。

各種の文学全集の年譜や愛読愛蔵版『谷崎潤一郎全集』（中央公論社）を参照すると、『異端者の悲み』は大正六年九月に阿蘭陀書房から刊行されていることがわかる。ところが千山閣書店版に関する言及はなく、阿蘭陀書房版の書影も見つからなかった。阿蘭陀書房の初版が稀覯本であるからなのだろうか。千山閣書店についても、『図書月報』（ゆまに書房）の大正十年版を調べたが、出版社のみならず、発行者の名前も書名も記載されていなかった。おそらく千山閣書店が東京書籍商組合に加入していないアウトサイダー、もしくは赤本系の出版社ゆえだと判断するべきで、阿蘭陀書房に絡む事情が潜んでいるように思われた。

『異端者の悲み』谷崎潤一郎、千山閣出版、大正10年3月

阿蘭陀書房は大正四年四月に北原鐵雄によって創業された。彼は北原白秋の弟であり、金尾文淵堂の出身だった。麻布坂下町に事務所をかまえ、まずは豪華な芸術雑誌『ARS』を創刊した。菊版二百五十ページ余、上田敏以下錚々たる執筆陣で、特価五十銭だった。白秋の弟子であった藪田義雄の『評伝北原白秋』（玉川大学出版部）に創刊号巻末に添えられた「阿蘭陀書房の言葉」の全文が掲載されているので、後半の部分を引用する。

ここに阿蘭陀書房を開きしは今の世の詩人《うたびと》北原の白秋、その弟鐵雄に算盤の珠を弾かせ、自らは赤茶の短衣《チョッキ》に天鵞絨《びろうど》の土耳古帽子、加比丹が持つかの大きなるマドロスパイプを啣へてぞ涙ながしける。芸は長く命短し善主麿《ぜんしゅまる》、真実無二なる披露《ひろめ》の言葉、さあさあ評番ぢや評番ぢや。

そして顧問は早くから谷崎を認めていた森鷗外と上田敏であり、創業にあたって、斎藤茂吉を始めとする友人たちが小宴を張り、「阿蘭陀書房披露歌」を寄せている。その中の中村憲吉の一首を引いておこう。

麗らかに阿蘭陀書房の店頭に
白秋ほとけ本売りおはす

『ARS』の創刊に続いて、五月に白秋の抒情詩集『わすれなぐさ』を刊行する。これは好評で四版を重ねたが、『ARS』のような高級文芸雑誌が営業的に成立するはずがなかった。麻布中学を出て、唯一の社員として加わった末弟の義雄の証言によれば、創刊号部数は定かではないが、返品率は五割を超え、第二号は谷崎潤一郎の小説、「華魁」が風俗紊乱のかどで発禁となり、部数は二千部、千五百部、千部と落ちていき、赤字が累積するばかりで、通巻七冊目（十月号）でついに休刊に至ったという。「華魁」は洋酒屋の丁稚で働き者の由之助から見た番頭や手代たちの生態で、彼らの「おいらん」通いを書いているが、ただそれだけで、どうして発禁になったのかよくわからない。そのことで続きは書かれず、未完のままになってしまっている。

谷崎潤一郎に触れたので、千山閣書店版と全集を参照し、阿蘭陀書房から刊行された『異端者の悲み』に言及してみる。大正五年三月から六年十一月までに発表された作品を収録した全集の第四巻「月報後記」で、底本として阿蘭陀書房版『異端者の悲み』が挙げられ、収録作品は「異端者の悲み」「晩春日記」「玄奘三蔵」「詩人のわかれ」となっているので、千山閣書店版と同じであることがわかる。全集に寄せられた戦後の「作者記」によれば、「詩人のわかれ」は大正六年四月号の『新小説』に「此の一篇を北原白秋に贈る」という献辞をつけて発表されたらしい。これは当時の文学者たちとの交流を描いた作品で、自分にとっては甚だ懐しく、前半の大部分は事実であると谷崎は記している。登場人物はアルファベットだが、Aは歌人の吉井勇、Bは戯曲家の長田秀雄、Cは小説家の自分、Dが詩人の北原白秋だとも書いている。『異端者の悲み』の出版は大正六年九月であるから、谷崎と北原が親しく交際していた時期ゆえに企画、刊行されたのではないかと考えられる。

『異端者の悲み』には全集に掲載されていない「序」があり、この短編集の大半を占める「異端者の悲み」は「予が唯一の告白書にして懺悔録なり」とあり、「刺青」を発表するまでの「醜かりし自己、哀れなりし自己、さては自己を取り巻く両親骨肉の俤」を描いている。その間に母と妹を失い、「此の小説に永遠の姿を留むるのみ」となり、二人への追悼の思いもこめている。これ以上内容に触れられないが、この作品の末尾の一節は著者監修による同じく中央公論社版の新書版全集収録の際に削除された。それを示してみよう。

　それから二た月程過ぎて、章三郎は或る短篇の創作を文壇に発表した。彼の書く物は、当時世間に流行して居る自然主義の小説とは、全く傾向を異にして居た。それは彼の頭に発酵する怪しい悪夢を材料にした、甘美にして芳烈なる芸術であつた。

おそらく推測するに、削除されたのは「芸術」とは別に母と妹の「永遠の姿」をこの作品にとどめ、追悼しようとしたためではないだろうか。

さて阿蘭陀書房に戻ると、『ARS』廃刊後も二年間近く存続し、前記の『わすれなぐさ』以外にも芥川龍之介の処女出版『羅生門』を始めとする三十点近くの単行本を刊行している。手元にある近代文学館復刻の『羅生門』を見ると、同じく大正六年の出版、鮮やかな黄色い箱入りの四六判上製本であり、巻末に「阿蘭陀書房新刊書」及び「近刊」案内が十三ページにわたって収録されているが、『異端者の悲み』は掲載されていないので、これら以外にも出版されていると考えられる。阿蘭陀書房やその刊行物についてのまとまった研究や言及はないようで、藪田義雄の詳細な評伝もほとんど引用に終始し、出版に関する具体的な記述はなく、「鷗外先生から、それで儲かったら奇跡だと笑はれたが、案のごとく本はすつかり売れもせず」との白秋の言を引き、阿蘭陀書房は倒産に追いこまれ、わずか二年五ヵ月の麻布生活だったと結んでいる。とすれば、『ARS』の創刊が大正四年の四月であるから、『異端者の悲み』が刊行された大正六年九月頃までが阿蘭陀書房の活動時期だったことになる。

しかしその後もどれほどかわからないが、阿蘭陀書房は経営者が変わって続いたようだ。数年前に古書目録で阿蘭陀書房と記載されていたことから、入手した本にヘッケル著、藤井章訳『永遠の戦闘』がある。これは大正七年九月刊行、発行者は松崎常次、発行所住所はそれまでと一番地ちがいの一丁目四番地になっていて、近刊予告に「文壇稀有の珍品」と銘うたれた和田謙三著『和訳対訳英詩文集』が掲げられていた。想像するに翻訳関係の書物を出すつもりで、松崎常次なる人物が阿蘭陀書房を引き継いだのではないだろうか。

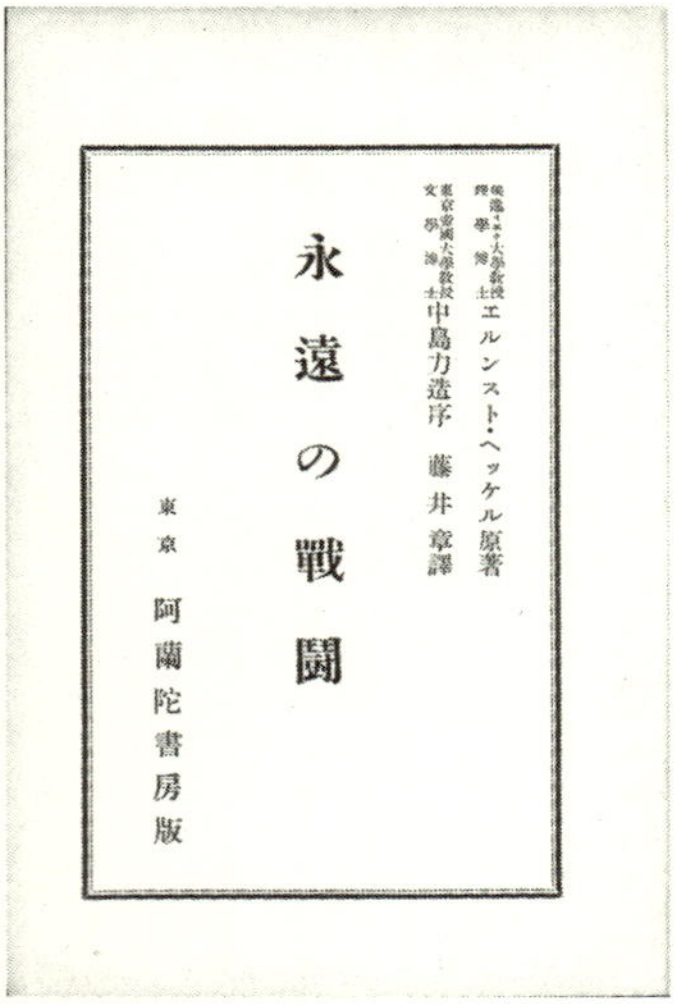

『永遠の戦闘』〔扉〕エルンスト・ヘッケル著、中島力造序、藤井章訳、阿蘭陀書房、大正7年9月

そして倒産整理の渦中で、それまでの出版物の紙型が債権のかたに押さえられ、転売され、めぐりめぐって大正十年にその一冊として『異端者の悲み』がアウトサイダーの出版社から刊行されたと考えられる。谷崎潤一郎の側近にいた今東光が絶筆となった『十二階崩壊』（中央公論社）の中で、大正八年頃から谷崎が白秋と絶交したと書いているが、このようなトラブルも起因になっているのだろう。調べてみれば、他の出版物も他社から同じように刊行されている可能性がある。近代文学者の書誌として、山田朝一の『荷風書誌』（出版ニュース社）のような異版異装本まで収録した完璧な書誌があれば、よくわかるのだが、荷風を含めた一部の作家以外、異版異装本まで収集、言及されている作家は少ないと思われる。だがその後、図書館で昭和四十八年の学習

研究社版『谷崎潤一郎』(『現代日本文学アルバム』5)を手にし、初めて阿蘭陀書房版『異端者の悲み』を目にすることができた。色はわからないが『羅生門』と同じレイアウトの箱入りで、千山閣書店版とまったく異なっていた。さらに野村尚吾による「著作目録」には『異端者の悲み』に二種が記されていたが、私の所有と異なり、千山閣書店版は大正十年七月とあるので、野村が現物を確認していないか、もしくは別の異版があるかのどちらかだと思われる。

北原白秋は阿蘭陀書房の失敗によって、出版から身を引いたが、弟たちの出版事業はまだ続いていく。北原鐵雄は続けてアルスを創業し、正岡子規や白秋の全集を刊行し、『日本児童文庫』をもって円本合戦にも加わり、室生犀星によって「これほど出版事業と戦った人はなく、これほど人間くさく仕事に打ち込んだ人はいない」(『わが愛する詩人の記』中央公論社)とまで評された。その弟の義雄はアトリエ社、正雄は玄光社をそれぞれ創業し、美術、写真書の分野に確固たる業績を残すことになる。この北原兄弟の出版事業は阿蘭陀書房とまた別の物語になろう。

8　ハヴロック・エリスと『性の心理』

谷崎潤一郎に言及したついでに、ハヴロック・エリスの『性の心理』にも触れてみたい。谷崎はその卓抜な語学力で、同時代の欧米の文学作品や翻訳書、性的文献を読んでいて、それらは『饒太郎』の中でのクラフト＝エビング、『神童』における英文のプラトン全集、『蓼喰う虫』で主人公が読んでいるバートン版アラビアン・ナイトからもうかがうことができる。

とりわけクラフト＝エビングの著作はマゾヒズムと足フェティシズムを教え、西洋の文学者たちはそうした性癖があり、娼婦たちもその欲求に応じていることを明らかにし、饒太郎に「驚愕と喜悦と昂奮」を与えたとされ、谷崎にとって重要な一冊ではないかと考えられてきた。この著作の原題はPsychopathia Sexualisで、大槻憲二編著『精神分析心理学辞典』（岩崎書店）、及び加藤正明他編『精神医学辞典』（弘文堂）を参照すると、一八八六年に刊行され、初めて性の病理的解剖を行ない、サディズム、マゾヒズム、フェティシズム、同性愛などの分類と記述をなした著作である。

前者によれば、明治二十七年に日本法医学会記述で『色情狂編』（春陽堂）として翻訳出版されたが、発禁処分を受けたようで、もちろん未見である。後者における訳名は『性的精神病質』となっている。戦後の昭和三十年代になって『世界性学全集』（河出書房新社）に『変態性欲心理学』（平野威馬雄訳）が収録されるまで翻訳はなかったし、これも抄訳であり、完訳版は現在に至るまで出現していない。この訳書でもマゾヒズム、足フェティシズムが扱われているが、抄訳ゆえか、『饒太郎』の中で示された臨場感が感じられない。

谷崎がクラフト＝エビングの英訳を明治四十一年頃読み、啓示を受けたのは間違いないが、日本における翻訳状況や内容を考えると、ハヴロック・エリスの『性の心理』の影響を受けているのも確実だと思われる。『性の心理』はクラフト＝エビングの著作をさらに上回る性のエンサイクロペディアであり、その豊富で多様な症例は類書をしのぎ、谷崎のみならず、中村古峡の『変態心理』や小倉清三郎の『相対』にも影響が及んでいるのではないだろうか。さらに森荘已池は『宮沢賢治の肖像』（津軽書房）において、宮沢賢治が後述するエリスの『愛と苦痛』『性的衝動の分析』『女子の性欲衝動』の愛読者であったことを伝え、他の文学者も潜在的読者である可能性を示唆している。

ハヴロック・エリスの存在にあらためて気づいたのは、私が『エマ・ゴールドマン自伝』（ぱる出版）を翻訳していた時で、一九二一年にロシアから脱出してきたアナキストのエマをイギリスで好意的に迎える、知性と愛情に充ちた人物として描かれていたからだ。彼はH・G・ウエルズ、バートランド・ラッセル、エドワード・カーペンターたちと彼女を迎え入れたのだ。この事情に詳しく言及できないが、エリスは十九世紀末から二十世紀にかけての文化史において欠かすことのできない人物だと考えていいだろう。彼は一八五九年にロンドン南部で生まれ、セント・トマス病院で医学を修め、医者として開業したが、文芸批評家として雑誌の編集に携わり、『新精神』『犯罪者』『男と女』などを著し、さらに性の問題を追及し、調査研究、執筆に三十年をかけ、『性の心理』を完成させ、三九年に亡くなっている。エリスの『性の心理』については私の所有している原書から始めることにしたい。

原題はHavelock Ellis, Studies in the Psychology of Sexで、本国のイギリスで前書の『性欲倒錯』が発禁処分を受けたために出版できず、アメリカで一九〇〇年から一〇年に六巻刊行され、二八年に補巻を加え、全七巻となった。私の手元にあるのはこの六巻のうちの四冊で、フィラデルフィアのF. A. Davis Company, Publishers, 1927と扉に表記されている。コピーライト表示からすると、この出版社が初版を刊行したようで、その後も重版を続けていたと思われる。これはまったく偶然であるが、この古書にはケリー・ウォルシュのラベルが貼られていて、『蓼喰う虫』の中のアラビアン・ナイトが求められた書店と同じである。ただシンガポールと上海のちがいはあるが。

この六巻本は明治四十三年に完結していたことになり、扇情的なイラストなどは皆無なために、日本にもフリーパスで、かなり流入してきたと考えるのが妥当であろう。古本屋でずっと集めたり、確認できた日本における翻訳を紹介しよう。

1　大正十年　矢口達訳編『性的心理大観』上下　天佑社
2　大正十一年　鷲尾浩訳『愛と苦痛』　冬夏社
鷲尾浩訳『女子の性欲衝動』　冬夏社
鷲尾浩訳『性愛の技巧』　冬夏社
3　昭和二〜四年　増田一朗訳『全訳・性の心理』全二十巻　日月社
4　昭和六年　荒川芳三訳『性と文明』　カオリ社
5　昭和十六年　藤島昌平訳『夢の世界』　岩波文庫
6　昭和三十二年　大場正史訳『性の心理学入門』　河出新書
7　昭和三十三年　斉藤良象他訳『性の心理学的研究』(『世界性学全集』第一巻所収) 河出書房新社

この他にもまだ多く刊行されているだろうが、とりあえず入手、確認できたものを列挙してみた。

1の訳編者の矢口達は英文学者でオスカー・ワイルドなどの翻訳もあるが、エリスの影響を受け、『性の心理』なども参考にし、昭和五年に『世界性的風俗史』(『性科学全集』第七篇、武俠社)を刊行している。

『全訳・性の心理 第一巻 羞恥心の進化』ハヴェロック・エリス著、増田一朗訳、日月社、昭和2年10月

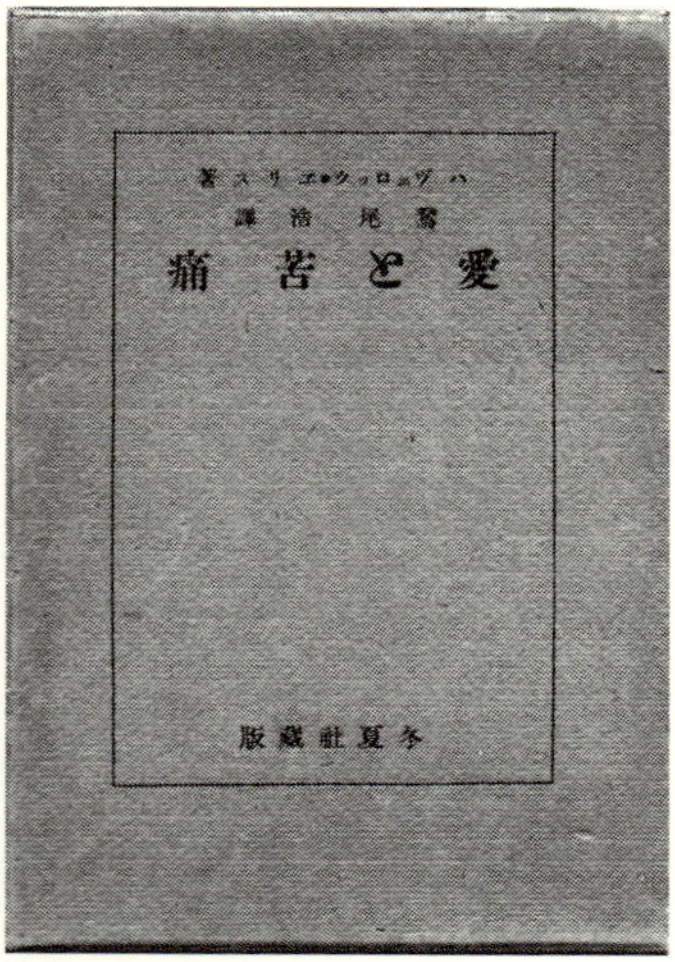

『愛と苦痛』ハヴェロック・エリス著、鷲尾浩訳、冬夏社、大正11年2月

2の訳者は後の歴史小説家の鷲尾雨工で、冬夏社は自らが起こした出版社であり、塩浦林也の労作『鷲尾雨工の生涯』（恒文社）によれば、「これこそ日本語に移植すべき名著、偉大な研究書だ。自分で訳して自分で出版したい」と考え、十冊刊行したが、次々に発禁になったという。そして戦後になって出版の話が持ちこまれ、改訳を重ねていたことを塩浦は記している。だが出版されなかったようだ。

1と2はいずれも『性の心理』の抄訳であり、3は「全訳」と銘うっているが、これも第三巻がマックス・ヒューネルの「論文集」となっていて、エリスと異なる人物の著作が組みこまれ、削除も目立ち、とても「全訳」とは呼べない。ただこの全二十巻は揃えるに難しく、私もそのうちの十六巻を集めただけだ。これも後述する未知谷の飯島徹氏の言によれば、慶應義塾大学図書館でも不揃いだったとのことだ。それに医学士の肩書のついた増田一朗なる訳者が誰なのか不明であり、日月社も春秋社の関連会社と推測できるが、よくわからない。奥付にある著作者、発行者名が同じ草深熊一で、検印も草深となっていることから判断すると、増田一朗は草深の変名のように思われ、円本時代の特殊な出版形式ではないだろうか。しかしこの日月社版の特色はエリスの書簡、小伝、会見記が第一巻に収録されていることである。これらはイギリス留学中だった早稲田大学教授の宮島新三郎への書簡、及び彼が書いたもので、書簡はエリスの日本版序文の辞退、日本讃美者のバーナード・リーチの訪問を受けたことが記されている。小伝は生い立ち、医学修業、文学者への道、性の問題研究への傾斜、同時代における思想的位置づけ、先立たれたエリス夫人についての言及などきわめて要領を得た記述である。さらに訪問記も興味深い。

宮島は日月社から依頼され、『性の心理』の翻訳権を得たいので伺って相談したいという手紙を出すと、訪ねるようにとの丁寧な返信があり、会いに行った。四階建の古い建物の三階の部屋で、長身で顎鬚を長く生やした老紳士然としたエリス自らが宮島を迎えてくれた。部屋の本棚にはアストンの日本文学史や日本の地理書があり、壁には両国の川開き、東海道の松並木を描いた広重の浮世絵が三枚かかっていた。宮島が東洋に興味があるのですかと尋ねると、エリスは日本に行ってみたい、でももう年だからと答えた。翻訳権についてもかつて大日本文明協会から『夢の世界』の依頼があったと語り、高いことは言わず、他の外国と同じほどで、好意的な対応だっ

『性の心理 第1巻 羞恥心の進化』ハヴロック・エリス著、佐藤晴夫訳、未知谷、1996年10月

た。宮島は翻訳権料を携えてもう一度訪問し、さらにコーンウォールの田舎の住居も訪ね、「その三度の会見記憶は今も尚ほ美しい」と昭和二年に書いている。

5はフロイトの『夢判断』に呼応する著作、6はエリス自身が三三年に刊行した『性の心理』のガイドブック、ダイジェスト版、7は『世界性学全集』特有の抄訳である。そして6と7以後、エリスはほとんど語られなくなったように思われる。

しかし平成の時代になった二十世紀の世紀末に、いきなり完訳が出現したのである。出版社は未知谷で、同社でサドの完訳版を四冊手がけている佐藤晴夫の訳によるものだった。佐藤は法務省や大学教授を歴任し、長年にわたり異常犯罪の研究に携わってきたようで、その精力的な翻訳ぶりに驚くばかりだったが、アカデミズムと翻訳のセクショナリズムゆえにサドもエリスも書評や論評もほとんどなされず、一時は両者ともゾッキ本のように古本屋で売られていた。だが最近になって品薄になってきたように見受けられる。私もゾッキ本になった時に古本屋で求めたので、少し後ろめたい気持ちもするのだが、そうでなければ、購入して読破しなかった可能性も高い。

未知谷の飯島氏には申し訳ないが、格好の機会だったことになる。この翻訳の底本は先に挙げたフィラデルフィアのA・デービス・カンパニーの一九二八年版である。

あらためて全巻を通読すると、『性の心理』が膨大な文献を渉猟した性の一大パノラマであるとわかる。河出書房新社の『世界性学全集』について前述したが、この第一巻が『性の心理』にあたり、その他の十九冊のほとんどが参考文献として引用されていることから考えると、この企画自体が『性の心理』に基づいているのかもしれない。それらの性的文献ばかりでなく、多くの学術雑誌の引用からわかるように当時の様々な研究分野の最高の成果の集積でもあり、古典から現代に至る夥しい文学作品も参照され、二十世紀初頭における性の問題の総決算のようにも思える。

エリスはその「序」で述べている。

私は性を人生の中心的問題とみなしている。そして、今日、宗教の問題は実際に解決がついたし、労働の問題は少なくとも実際に即した基盤の上におかれたのであるが、性の問題は——人種的な問題もそれに伴っているが——解決しなければならない問題として来るべき世代の人々の前に立ちはだかっている。性は人生の根底に横たわるものである。そして我々は、性をどのように理解するのかわからなければ、人生を畏敬することも学ぶこともできない——

そのために事実の調査研究に基づき、生理学と心理学の観点から多様な性の現象を観察し、何が正常であり、何が異常であるかを確かめ、自然に社会的動物となった人間の様々な性を検討しようとする。エリスのこの一八九七年の発表から一世紀以上がすぎたのであるが、残念ながら性も含めて宗教も労働の問題も何ら解決を見ていない。

きわめて簡略に内容を述べると、第一巻で性に関する羞恥心の問題、性的欲望の周期、マスターベーション、第二巻で性本能、サディズム、マゾヒズム、女性の性的衝動、第三巻で触覚、嗅覚、聴覚、視覚による性的刺激、第四巻でホモセクシャル、第五巻でフェティシズム、第六巻で性と社会に関する売春や結婚などの様々な問題が扱われている。

だがこの『性の心理』の中で何よりも生々しいのは章によって挿入されている「経歴」（原文はhistoryであり、「体験歴」とでも訳したほうがふさわしいと思われる）であろう。第二巻の「性的本能の発達」は十六例、第三巻の「性的発達の経歴」は三例、第四巻の「男性における性倒錯」（ホモセクシャル）は二十四例、「女性における性的倒錯」は四例、第五巻の「性的発達の経歴」は五例で、これらをまとめると優に一冊の分量になる。おそらく小倉清三郎の『相対』のレポートも『性の心理』のこの部分にヒントを得ているのではないだろうか。さらに付け加えるならば、性的告白日記、もしくは性的実話といった、日本のポルノグラフィの定番の起源もここにあるのかもしれない。

谷崎潤一郎との関連でいえば、第五巻のフェティシズムで、足と靴フェティシズムに一章が割かれ、クラフト＝エビングたちのマゾヒズムと足フェティシズムが同一であるという推論をしりぞけ、エリスは次のように書いている。

マゾヒストにとって自己屈辱の衝動は恍惚とした賛美のシンボルであり、足フェティストにとって愛人の足や靴は、彼女の中に存在するもっとも美しい、優雅な、女性的なすべてのものを凝縮したシンボルである。（中略）足フェティストにとって足や靴は単なる道具ではなく、真のシンボルなのである。すなわち、彼の賛美の焦点であり、彼が恭しく眺め、手に触れて満足する理想化された対象である。

そして「経歴」となっていないが、二人の足フェティストの告白を掲載している。谷崎の『刺青』『富美子の足』はクラフト＝エビング、『瘋癲老人日記』はハヴロック・エリス的といえないだろうか。さらに第四巻の邦訳六十ページ余に及ぶレスビアンの章は『卍』に対して影響を与えていないだろうか。

いずれにしても、ハヴロック・エリスの『性の心理』が与えた近代文学に対する影響の研究はまだこれからであろう。

9　天佑社と大鐙閣

ここ四年ほどゾラの「ルーゴン＝マッカール叢書」の翻訳に全力を挙げて取り組んできたが、十冊目になる本邦初訳の『ウージェーヌ・ルーゴン閣下』を訳了し、これが刊行されれば、ようやく日本語で「ルーゴン＝マッカール叢書」の全巻が読めるようになるので、自分の使命を果たしたつもりでいる。

何人もの訳者、出版者が「ルーゴン＝マッカール叢書」の全巻の刊行を夢見たようであるが、二十巻という大部、莫大な製作費を考えると、訳者としても出版者としても実現不可能であったことが実感される。製作費の苦労は論創社の森下紀夫氏に負っているが、訳者の私も死に物狂いの四年間だった。もう一度繰り返すことはできないだろう。

そのかたわらで大正時代から各社によって散発的に刊行され始めた「ルーゴン＝マッカール叢書」の既訳を集めてきた。それらの貴重な訳は本の友社によって復刻されているので、図書館に依頼すれば、参照できるようになったが、それでも刊行当時の存在感、判型、装丁、奥付広告などを確認するためには実物を入手することにこしたことはなく、できるだけ集めるようにしてきた。各種文学全集に収録されている作品はほとんど入手したが、各社から単発的に刊行された戦前の訳書は収集が難しく、半分にも充たない。だが実物を手にすると、復刻のコピーではわからなかった存在感とニュアンスが伝わってくる。例えば、大正三年の中島孤島訳『生の悦び』（早稲田大学出版部）は菊判で、英訳からの重訳、大正十五年の井上勇訳『制作』（第百書房）は新書判上製箱入り二巻本、昭和十五年の武林無想庵訳『地』（鄰友社）はフランス装の三巻本であることがわかり、当時の出版者の思い入れがうかがわれる。

だが古書市場にも在庫が少ないのか、実物を目にしていない作品も多い。『ごった煮』（田辺貞之助訳）と『禁断の愛』（山口年臣訳）は『角川書店図書目録』（昭和20—60年）を参照すると、それぞれ三十三年と三十四年に刊行されているのだが、一度古書目録で見ただけだ。抽選に外れてしまい、戦後の出版物であるにもかかわらず、いつになったら入手できるかわからない。これはゾラだけでなく、この時期に限って刊行された文庫に共通している現象である。

ゾラの「ルーゴン＝マッカール叢書」などを大正時代に何冊も続けて刊行していた出版社があり、それは天佑社と大鐙閣に代表される。天佑社の本は三冊所有していて、一冊は近代文学館の復刻で、佐藤春夫の処女作品集『病める薔薇』、あとの二冊は古本で購入した『クープリン傑作集』（栗原貞一訳）とエリスのところで挙げた『性的心理大観』である。この天佑社から三上於菟吉訳で、少なくとも『貴女の楽園』（『ボヌール・デ・ダム百貨店』）、『怖ろしき悪魔』（『獣人』）、『苦き歓楽』（『生の歓び』）の三冊が刊行されているのだが、これらは古書目録で見たこともない。

ゾラ傑作集『血縁』エミール・ゾラ著、木蘇穀訳、大鐙閣、大正12年6月

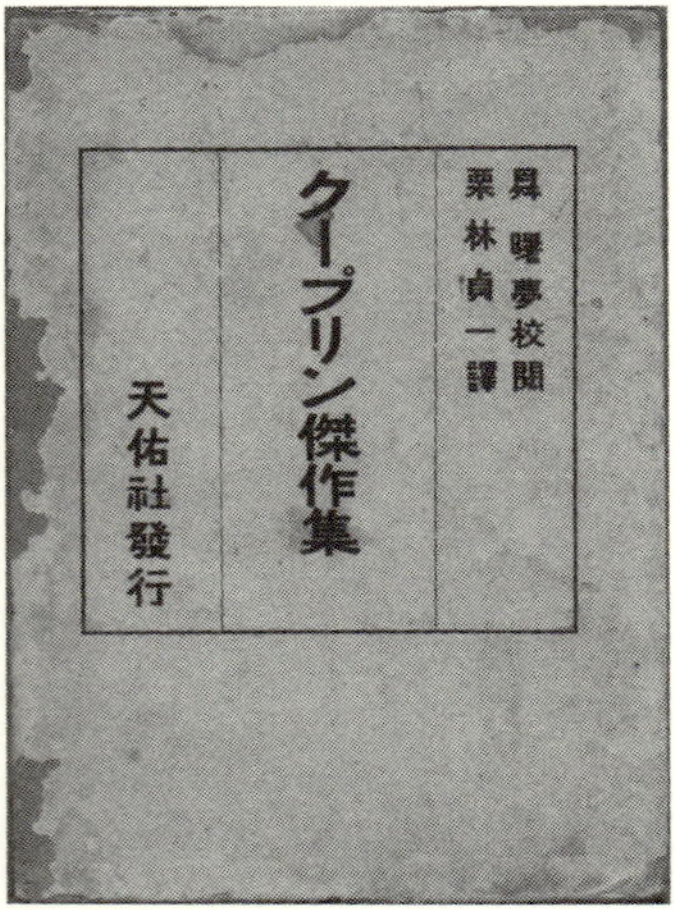

『クープリン傑作集』栗林貞一訳、天佑社、大正9年6月

本の友社の復刻『貴女の楽園』を読むと、三上が底本とした英語版が何であるかわからないが、物語のニュアンスをよく伝えていると思う。他の二冊は『性的心理大観』の巻末広告に掲載されているのだが、現在に至るまで未見のままである。

大鐙閣に話を移すと、こちらからは木蘇穀訳『血縁』（『ルーゴン家の誕生』）、飯田旗軒訳『金』、『巴里』（「三都市物語」）、『労働』（「四福音書」）が刊行され、幸いにして『金』以外は入手することができた。とりわけ『血縁』には「訳者序」があり、きわめて正当的な一文が寄せられていた。

> この巻は（中略）、あの膨大な「ルーゴン＝マッカール叢書」（二十巻）の最初の巻であって、既に日本に翻訳されて、広く

読書界に膾炙されている「居酒屋」とか、「ナナ」とか、「金」とか、「歓楽」とか、「獣人」とか、「制作」とか、「憎ムーレの破戒」とかいふ諸種の物語の発端をなすものである。例へて云えば、この大きい「ルーゴン・マッカール叢書」といふものを一本の大きい樹木とすれば、この「血縁」は差し当り根であり、幹であって、（中略）他の十九巻残らずは枝であり、葉である訳である。従って（中略）この「血縁」を読まなければ、如何にしてそれらの物語の中の様々の人物が斯々の行動をするやうに導かれるに到ったかを理解することが出来ない訳である。

この文章は大正十二年六月のものであり、大正時代が「ルーゴン＝マッカール叢書」翻訳の全盛であったことを教えてくれる。しかし同年九月の関東大震災がその流れを切断し、ゾラの作品を刊行していた天佑社や大鐙閣を危機へと追いやったようだ。天佑社と大鐙閣は『日本出版百年史年表』（日本書籍出版協会）にも記載がなく、手がかりがつかめなかったが、『書物展望』の昭和十七年三月号に、小林政治の「親友中村吉蔵君と私」があり、その中に「天佑社時代」という一章が割かれていた。調べてみると、小林政治の名前が『病める薔薇』の奥付に記され、「株式会社天佑社　代表者小林政治」となっていた。

さらに『日本近代文学大事典』を開くと、小林政治が立項されていた。それによれば、彼は明治十年生まれの実業家にして小説家、『明星』や文人たちの支援者で、三十年に小説家にして劇作家となる中村春雨（吉蔵）たちと知り合い、浪華青年文学会を結成し、『よしあし草』創刊に協力するとあった。『よしあし草』は関西に新しい文学を芽生えさせた役割を果たし、鳳晶子のデビュー作や永井荷風の初期の小説を掲載したりし、第二十七号まで刊行された。その後関西青年文学会発行の『関西文学』となり、その六号分を加えると、明治三十四年までに合計三十三冊出たことになる。

このことを前提にして、小林政治の「天佑社時代」を見てみよう。中村吉蔵はすでに上京していたが、『よしあし草』終刊後の明治三十六年に来阪し、雑誌は廃刊になるにしても、関西青年文学会は千二百人の会員を有しているのだから、永久に離散してしまうのは残念であり、他日それぞれが社会的地位を築き上げてから、さらに文学運動を起こしたいという提案をした。小林政治はそれを受けて書いている。

> 将来文士の立場を擁護するため、理想の出版会社を興すに若くはないと言ふ意見が多数であって、二十数名が盟約の下に出版事業の株式会社天佑社を創立した。（中略）明治四十三年一月、中村、堀部、私の三人が理事となって、会員中の有志者百名近くを株主とし、大正七年まで百箇月間の積金を集め、資本金十万円の株式会社といふ出版会社を創立して東京で開業した。

経営には小林と中村があたり、編集企画は中村の早稲田系と与謝野鉄幹絡みの三田系の人たちが携わった。前述した『クープリン傑作集』の巻末には十四ページに及ぶ「天佑社刊行書目」が付され、八十冊近い出版物が掲載されている。刊行年は大正九年であるから、創業以来、順調に刊行していたことになる。さらに天佑社は当時の出版業界の買取原稿制度をしりぞけ、印税主義を採用し、著作家たちに多少なりとも貢献したようでもある。

しかしスポンサーである小林政治が大正十一年に事業で大損失を生じ、天佑社への資金提供が不可能になり、それに加えて関東大震災で天佑社も罹災し、閉鎖しなければならない運命に追いやられてしまった。小林政治も援用しているが、宇野浩二の『文学の青春期』（沖積舎）の「上方文学の青春期」における「天佑社」への言及を引いてみる。

この天佑社は、大正十二年の大地震のために無期休業といふ事になったが、私の記憶しているもの（持っているもの）だけでも、岩野泡鳴の『非凡人』、『家付女房』、佐藤春夫の最初の創作集『病める薔薇』、島村抱月全集、モウパッサン全集、ワイルド全集、谷崎潤一郎の『小さな王国』、潤一郎訳の、ワイルドの『ウィンダアミヤ夫人の扇』その他であるが、（中略）その百七十冊が文芸書類ばかりであるといふことは、それだけでも、文学的に見て、文学界から見て、ほめてよい。

そして宇野浩二はこれが天佑社のために無報酬で働いた「小林の文学と文学書出版に対する愛」の表われだと付け加えている。

また小林の次のような言葉も忘れることなく記している。

この天佑社と相前後して東京で旗上げしたものに、久世君（註、私の中学同級で、当時、『改造』、『中央公論』とならび称せられた、『解放』を出した）の大鐙閣と、金尾君の文淵堂がありますが、当時東京に於ける此の三つの新興出版社が、偶然にも、期せずして、いづれも大阪出身者であった事は不思議であったと思います。

ここでようやく大鐙閣が出てきた。小林と中学で同級であった「久世君」がその経営者であったことがわかる。ゾラの『血縁』と『労働』の奥付には発行者株式会社大鐙閣、取締役社長久世勇三とあり、会社が東京の神田今川小路と大阪南区三休橋南の二ヵ所に置かれている事情がここで了解される。小林の注で示されている雑誌『解放』は大正八年六月から十二年九月にかけて五十二冊刊行され、大鐙閣を発行所としているが、この第一次『解放』が十二年九月で終刊になっているのを見ると、やはり大鐙閣も天佑社と同様に関東大震災の被害を受け、休刊せざるを得なかったのではないだろうか。大鐙閣についての記述は他に発見できず、その出版物の全貌も定かでない。それに加えて、金尾文淵堂も同じく大正時代に苦境に陥っていたことが広津和郎の『年月のあしあと』（講談社）の中で語られている。大阪から立ち上がり、東京に進出してきた文芸書の三出版社がいずれも関東大震災の被害を受け、出版事業を休業、断念したり、縮小する状況へと追いやられてしまったと考えられる。

歴史に「もしも」はないのであるが、出版業界において、関東大震災がなかったならば、これらの三出版社の運命も変わっていただろうし、その後の円本時代も出現しなかったように思われる。

10　川漁師とアテネ書房の『「日本の釣」集成』

釣好きに取つて、釣は楽しみに違ひないが、また、ほかの場合には感ぜられないやうな淋しさの感ぜられるものがある。これは恐らく私一人の経験ではあるまい……

中村星潮『釣ざんまい』

ここ数年のうちに出された新書の中で最も印象に残ったのは斎藤邦明の『川漁師　神々しき奥義』（講談社＋α新書、二〇〇五年）だった。川漁師とは文字通り海ではなく、川で漁をする人々であり、同書は日本の川が排水溝や暗渠にされてしまい、魚が激減、死滅していく現在にあって、もはや職業として成立しなくなり、消え去ろうとしている彼らの伝統漁法を共感をこめて詳細に報告している。川漁師こそは川守として川の環境を知りつくし、代々引き継がれてきた技術と豊富な経験を備え、魚の生態や性質を熟知し、状況に応じて仕掛けや漁具や餌を選び、季節や天候によって漁場と漁法を変え、さらに川にまつわる伝説や民話、その土地特有の食文化、川魚漁の歴史を記憶している存在にして、川と魚に関する高度な専門家なのである。

しかし河岸改修工事、砂防堰堤工事による川床の荒廃、山を削る林道敷設がもたらす地下水脈の切断、それまでの堤防だった川岸林のコンクリート護岸化、蛇行を直線化することでの瀬や淵の排除のために、魚や水生昆虫、水辺の動植物や微生物が棲みづらくなり、それに海と川を分断するダムの取水や放水による渇水や水温の異常低下、保水力を失った山林がもたらす出水や濁り水が加わり、川漁師の仕事と生活は厳しい状況に追いやられている。

斎藤邦明はそうした川漁師たち十二人の聞き書きによって、彼らの仕事と日本の川の現在を報告している。その聞き書きの方法と文体は民俗学者の宮本常一を彷彿とさせるし、貴重な川漁師の民俗学を形成しているように思われる。シジミ、モクズガニ、ドジョウ、ざざ虫、アマゴ、ゴリ、サクラマス、ヤツメウナギ、サンショウウオ、サツキマス、アユ、ナマズ・ウナギの伝統漁法が見事に浮かび上がり、川魚漁に立ち会っているような臨場感すらもある。

『川漁師 神々しき奥義』斎藤邦明、講談社、2005年7月

どの漁も興味深いが、自分の経験が重なることもあり、昭和十一年生まれの原口侑助が語る「ドジョウの踏み網漁」に感銘を受けた。彼は昭和三十年代に副業としてドジョウ捕りを始めたが、当時は大量に捕れ、買い手を探

すのに苦労するほどだった。そこで「駒形どぜう」に売りこみにいった。だが問屋からの仕入れのために断わられてしまった。それを何回か繰り返した後、ある年に先方から電話がかかり、売ってほしいとの依頼があり、おもしろいほど売れ、ドジョウ捕り専業になることができた。

ドジョウは冬眠し、水がまったくないところでも三、四ヵ月皮膚呼吸だけで生きている。昼間は泥にもぐり、夜になって出てきて餌を食べる夜行性だ。ドジョウの気持ちがわからないとドジョウ捕りにはなれない。ドジョウがいる農業用水、小川、掘割には漁業権も入漁料もないから、誰でも捕ることができる。でも田がなくなって繁殖場が減り、農業用水も泥のたまらないコンクリートのU字溝になってドジョウが少なくなったので、埼玉だけでなく、近隣の県まで捕りに行っている。その漁場ごとにドジョウらの性格がちがうから研究が必要だ。それがドジョウ捕りのおもしろいところさ。そして彼の私的告白も挿入される。「ドジョウ捕りはいつもおっかーとふたりだった。(中略)おっかー死んぢゃったよ」。この商売も俺が死んだら、もう誰も継ぐ者はいないと。

この滅びゆく川漁師たちの伝統漁法は斎藤邦明の文を添え、二〇〇六年に『週刊現代』で九ページにわたり、「川の恵みに生きる」と題して写真で紹介され、そこには「ドジョウの踏み網漁」をしている原口侑助の姿もあった。これらのカラー写真によって、『川漁師　神々しき奥義』は新たな光を浴びたかのようだった。長良川の「サツキマスのトロ流し網漁」の大橋亮一も出ていた。彼は自分の代で漁師は終わりにすると決めたので、息子を一度も漁に連れて行かなかった。

その理由として「殺生《せっしょう》は子供にとって面白い」ので跡継ぎになると言うからだと述べていた。

数十年ぶりに魚捕りを意味するこの言葉を目にし、昭和三十年代前半の近くの川の風景を思い出した。私が小学生だったその頃、川はまだ汚れておらず、大人も子供も含めて紛れもない釣りと殺生の時代であった。近くの海に通じている川にはよく殺生人たちがやってきて、掻掘《かいぼり》をやっていた。少し言葉の説明をすると、「殺生人」とは地元の人間でない魚捕りのことを言い、「掻掘」とは川の魚がいそうなところを五メートル以上にわたって両端を塞ぎ、その間にある水をほとんどかい出し、動けなくなった様々な魚類をすべて総ざらいにしてしまうことである。彼らは数人単位で作業に取りかかり、見事な手際で川を塞ぎ、バケツで川の水をかい出し始めるのだった。地元の農村の大人たちは掻掘をすることがなかったので、私たちは物珍しく、いつも見に出かけた。水が少なくなると、魚が跳んだりし、川底の深くなった部分に驚くばかりの多くの魚が潜んでいることがわかる。子供たちが小川で試みる掻掘とはスケールが異なるほどの魚の量と収穫であり、私たちはあきずにその殺生を見つめていたものだった。

何もかも総ざらいしてしまうと、川の塞いだ両端を突き崩した。するとせき止められた水が逆流し、川はたちまちもとに戻った。泥まみれの彼らは近くの井戸で身体を洗った。鮒、鯉、鯰、鰻などの収穫は何杯もの大樽に入れられ、実用自転車につながれたリヤカーにつまれ、川の土手沿いに運ばれ、消えていった。父に殺生人たちはどこからくるのかと聞いたことがあった。父は言った。彼らは山の人たちで、順々に川沿いを下り、魚を捕まえ、種類別に様々な店に売ったりするのだと。しばらく前までは村の人たちも川で小魚を捕り、乾してだしに使っていたが、この頃ではそんなこともしなくなってしまった。当時殺生人たちはまれびとのように思われたが、彼らもまた川漁師だったにちがいない。しかし小学校の高学年になるにつれて、彼らの姿を見かけなくなった。高度成長期の過程で殺生人たちも別に仕事を見つけたのではないだろうか。

だが彼らが来なくなってからもしばらくは釣りと殺生の時代は続いた。農閑期になると、父と一緒に近所の川や沼に釣りに出かけた。あの頃は釣り人たちがどこにもいて、今でもモノクロームの風景が浮かんでくる。静かでゆったりとした風景であり、ささやかな慰安の趣が感じられた。沼は葦に囲まれた中にあり、周囲と別世界のようで、水面に太陽が照りつけていた。自宅で掘ったミミズを餌にした鮒釣りだったが、ひっそりとして楽しかった。

しかしこのような川や魚たちとの蜜月は終わりを告げた。工場排水によって川が汚染され始め、悪臭がするようになり、鮒や鯉や鯰や鰻が減り、雷魚が増え始めた。食用にするために釣っていたのではなかったが、次第に釣りや川から遠ざかるようになった。沼も耕地整理事業によって埋め立てられ始め、いくつかあった溜池もなくなってしまった。だから私の釣りの時代は昭和三十年代で終わってしまったことになる。それでも川や釣りの記憶は残り続け、今でも思い出されるのである。若くして死んだ父は池で鯉を飼っていたし、彼も川や釣りのことを忘れられなかったのだろう。

そのような記憶が残っているために、十年ほど前にアテネ書房の『「日本の釣」集成』を買ってしまった。これは昭和五十四年に刊行された解題を含めて全二十巻本である。いずれも古典的ともいえる名著の枡形本や袖珍判も含んだ判形そのままの見事な復刻で、ブックオフに二百円均一で並んでいて、それまで見たことがなかった。全巻が初見であったし、アテネ書房も消滅し、書誌データも残されておらず、巻数も記されていないので、それらを初版刊行年順にリストアップしておく。

1 農商務省水産局編『日本水産捕採誌　全』水産書院　大正元年
2 大橋青湖編『釣の趣味　全五冊』釣の趣味社　大正八年
3 水上梅彦『釣楽』杉山書店　大正十五年
4 上田尚『釣竿かついで』富士書房　昭和四年
5 鈴木新『釣百態』大橋米吉商店　昭和六年
6 松岡文太郎『釣狂五十年』青野文魁堂　昭和八年
7 松岡文太郎『続　釣狂五十年』青野文魁堂　昭和八年
8 目黒広記『鱒釣り　付いわな、やまめ』杉山書店　昭和十年
9 太田黒克彦『水辺手帖』竹村書房　昭和十一年
10 佐藤惣之助『釣魚随筆』竹村書房　昭和十一年
11 日高基裕『釣する心』野田書房　昭和十一年

12　I・ウォルトン、平田禿木訳『釣魚大全』国民文庫刊行会　昭和十一年
13　松崎明治『写真解説　日本の釣』三省堂　昭和十四年
14　益田甫『釣ごよみ』春陽堂書店　昭和十五年
15　金子正勝『毛鉤釣教壇』釣の研究社　昭和十六年
16　佐藤垢石『釣趣戯書』三省堂　昭和十七年
17　松崎明治『釣技百科』朝日新聞社　昭和十七年
18　大橋青湖『釣魚夜話』第一書房　昭和十七年
19　岡部卓治『山魚譜』元元書房　昭和十八年
20　解題『「日本の釣」集成』アテネ書房　昭和五十四年

20には金森直治による詳細な「《釣り文献》刊行目録——明治から終戦時までの略年譜——」が付され、それによれば、上田尚『釣魚大全3　川魚之釣　鮎釣　附ワカサギ釣　イワナ釣　ヤマメ釣』（洋々社　昭和三年）が第一回配本、予約特典として「非売品扱い」でついていたらしく、それを加えると、『「日本の釣」集成』は全二十一巻ということになる。書誌研究懇話会編の新訂版『全集叢書総覧』（八木書店）を見ると、全十八巻となっているので、全集叢書の巻数の確定の難しさがわかる。

これらの本を眺めていると、大正から昭和にかけて釣りが文化を形成し、出版もそれに寄り添

っていたことが実感される。裁判官の倉田卓次の章で巧者について触れたが、趣味と文化が相乗する時代環境によって様々な分野に巧者が生まれるのであろう。倉田がそうであったように、それは大正時代に生まれた者に顕著な気がする。この世代に多くの釣り巧者が輩出したのではないだろうか。そういえば、釣りや魚捕りに巧みだった父も大正の生まれだった。

一冊ずつ言及する紙幅はないが、文芸書出版として知られる春陽堂書店や第一書房はともかく、小出版社の竹村書房や野田書房まで釣りの本を出していたことにあらためて驚かされる。文学の世界でも釣りが一分野を形成していた証であろう。この集成を買わなければ、決して読むことがなかったと思われる太田黒克彦の『水辺手帖』は東京から離れ、潮来出島の奥で川魚の漁夫になる決意を示す場面から始まっている。田舎での売文業と川魚の漁夫の生活は成立するのだろうか。

『水辺手帳』大太黒克彦、竹村書房、昭和11年4月

　求めて寂寞の境地に入り、孤独の思ひに身を置いて、哀しく魚族と遊ぶのが、釣りする者の心であるが、此の土地に来て一介の漁夫たらんと志している今、僕には最早や純なる釣人の心境は恵まれなかった。堤防の枯草を尻に藉いて、

二間半の竿先に漂ふうきを見詰めながら、その日の僕が感じたものは、人生そのものの寂寞と、僕の生活の孤影に外ならなかつた。

太田黒克彦は小山勝清の義兄で、『婦人公論』に勤めた後、文筆生活に入り、名匠物語や少女小説や児童向けの歴史小説を書いていたようだ。戦後は講談社の『世界名作全集』の編訳者でもあった。この『水辺手帖』は陰影に富んだ文章で、川と魚のいる風景を描き、この時代にしか成立しなかったと思われる釣り文学のひっそりとした名作であろう。私の好きな彼の釣魚歌のひとつも引用しておこう。

世にすねて泥には棲めどひもじければ
鯰もあはれ釣りにかかれり

最近になって、この『「日本の釣」集成』を刊行したアテネ書房の経営者であった山縣淳男氏に会うことができ、その出版事情を聞かせてもらった。アテネ書房は正規の取次ルートとは別に存在する読者向けの販売会社と協同し、様々な趣味の分野の企画や復刻を手がけ、その中でもこの『「日本の釣」集成』は大成功だったようで、二十万円ほどの定価にもかかわらず、二千セット完売してしまった。すべてが販売会社ルートで釣りマニアの読者に直接売られたこともあり、古書市場にも揃いはそれほど出ていないようだ。私もブックオフで見るまでは出版されていることも知らなかったのはそうした事情が絡んでいたからだ。

山縣氏によれば、この時代までは確実に趣味の世界があり、手堅い一定の読者層が存在し、オリジナルな企画と丁寧な製作を心がければ、委託の取次ルートよりも返品リスクのない販売が可能であったという。だがこの時代がピークで、次第に趣味の世界の読者が見えなくなり、それぞれの得意の分野を持っていた販売会社も次々に消滅し、『「日本の釣」集成』のような企画販売も成立しなくなってしまった。私は山縣氏に「セールスマンの死」の時代を迎えたということですねと言ったが、そればかりでなく、その背後には日本社会の消費社会化と郊外化によって様々な近代的趣味の世界が解体され、消えていった事情があるように思われた。

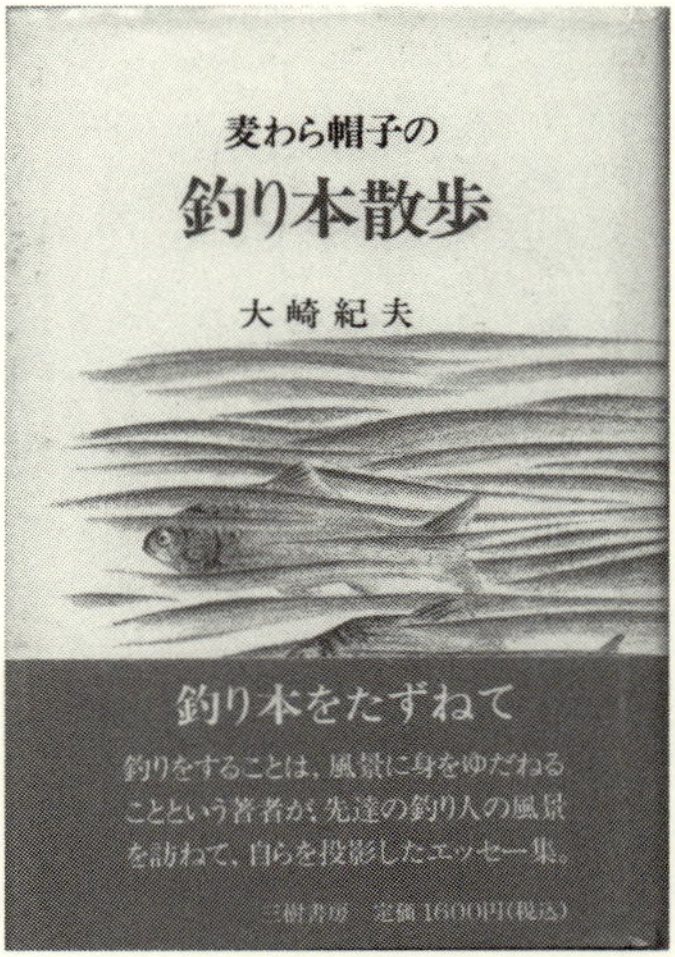

『麦わら帽子の釣り本散歩』大崎紀夫、三樹書房、平成元年10月

『「日本の釣」集成』は昭和五十二、五十三年に復刻した集成以外の釣の名著が好評のために企画されたもので、その二年間の読者層の開拓が集成の企画の成功に結びついたと山縣氏は話してくれた。一年もしないうちに完売してしまったという話を聞くにつけ、そのような時代もあったのだと溜息が出てくる。

アテネ書房の目録は残されていないので、貴重な釣文献の復刻データとして挙げておこう。先行する例と同じく初版刊行年順とする。

1　石井研堂『釣遊秘術　釣師気質』博文館　明治三十九年
2　上田尚『釣の裏の手』文化生活研究会　昭和二年
3　岡部丹虹『鮎のとぶ釣り』木星社書院　昭和六年
4　藤田栄吉『鮎を釣るまで』博文館　昭和七年
5　佐藤惣之助『釣心魚心』第一書房　昭和九年
6　佐藤垢石『鮎の友釣』万有社　昭和九年
7　中村星湖『釣ざんまい』健文社　昭和十年
8　佐藤垢石『釣の本』改造社　昭和十三年
9　岡部豊作『鮎…友釣のコツ』新経営社　昭和十三年
10　大橋青湖『襍筆　釣漁譜』博文館　昭和十八年

これらの集成も含めた釣文献の復刻が釣りの世界にどのような反響をもたらしたのかはわからない。少なくとも実用書として役立つことはないので、戦前の釣り文化の香りや雰囲気を楽しんだり、しのんだりするきっかけになったのではないだろうか。これらの復刻にまとわりついているノスタルジアは独特であり、過去を強く喚起させるからだ。

そうした例を大崎紀夫の『麦わら帽子の釣り本散歩』（三樹書房）に見出すことができる。この釣りの本の逍遥記は明らかにアテネ書房の復刻に刺激を受け、書かれ始めたように思われる。大崎の少年時代の記憶と釣りと本とがうまく融け合い、かつての懐かしい釣りをめぐる風物詩が語られている。彼は私の愛読する『湯治場』（朝日新聞社）の著者であり、近代の懐かしさを求め、高度成長期の終わり頃から旅を続けてきた。つげ義春との旅は『つげ義春流れ雲旅』（朝日ソノラマ）としてまとめられている。アテネ書房の釣文献の復刻は実際の釣りには何ら役立たなかったであろうが、戦前において形成された釣り文化を喚起させ、多くの人たちの過去への旅のようなものになったにちがいない。

11　ある出版者の軌跡──牧野武夫

一人の出版者の軌跡を追いかけていくと、思いがけない戦後の文学シーン、それも現代詩の始まりの場面に立ち会うことになり、出版の意外性を教示するのである。

その牧野武夫は鈴木徹造の『出版人物事典』（出版ニュース社）にも立項され、著者としても昭和三十一年に『雲か山か』（学風書院）が出て、後に中公文庫に収録された。彼は明治二十九年奈良県生まれで、中央公論社の嶋中雄作と同郷であり、改造社を経て、昭和四年に中央公論社に入社し、出版部を創設し、レマルクの『西部戦線異状なし』をベストセラーならしめ、雑誌の中央公論社を書籍出版社とするための基盤を固めた。そして出版部長、事業部長、営業部長の三役を兼ね、彼の言葉を借りれば、出版業界の「第一線であばれ廻ったのである」。実際に社史の『中央公論社の八十年』には「牧野武夫の入社」という一節が挿入され、彼の活躍ぶりをうかがわせている。

『雲か山か』の前半の章は「歴史の一こま──中央公論回顧録」と題され、中央公論社のPR誌『書店繁盛』に連載されたもので、大正から昭和十年代にかけての出版業界の事情が三役を兼ねた視点から語られている。当時の中央公論社の内部状況や営業戦略、円本時代の販売合戦の内幕、作家たちの盛衰、雑誌協会と四大取次の力関係、九州の書店事情などを編集者の目線とは異なる生々しさで浮かび上がらせている。そして牧野武夫の語り口は彼の持って生まれた性格ゆえかとても明朗で、さわやかなのである。かなり踏みこんだ記述にもかかわらず。文庫に再録されたのはそのためだと思われる。

だが牧野武夫は中央公論社時代に関して詳細に記しているのだが、昭和十四年に退社して始めた牧野書店、及び乾元社のことに触れていない。乾元社で刊行した『南方熊楠全集』の読者に長々と言及し、毎日出版文化賞を受けた『原敬日記』についても書いているのだが、ふたつの出版社名は挙がっていないのである。このことは牧野にとって、中央公論社時代が出版業界の光の体験であり、牧野書店、乾元社時代が語りたくない影の経験であったことを示唆しているように思える。中央公論社から多くの有力な編集者が主として戦後に独立し、八重樫昊が普通社、小森田一記が世界評論社、藤田親昌が文化評論社、松下英麿が洗心書林を創業しているが、牧野武夫と同様に敗退している。牧野が語らなか

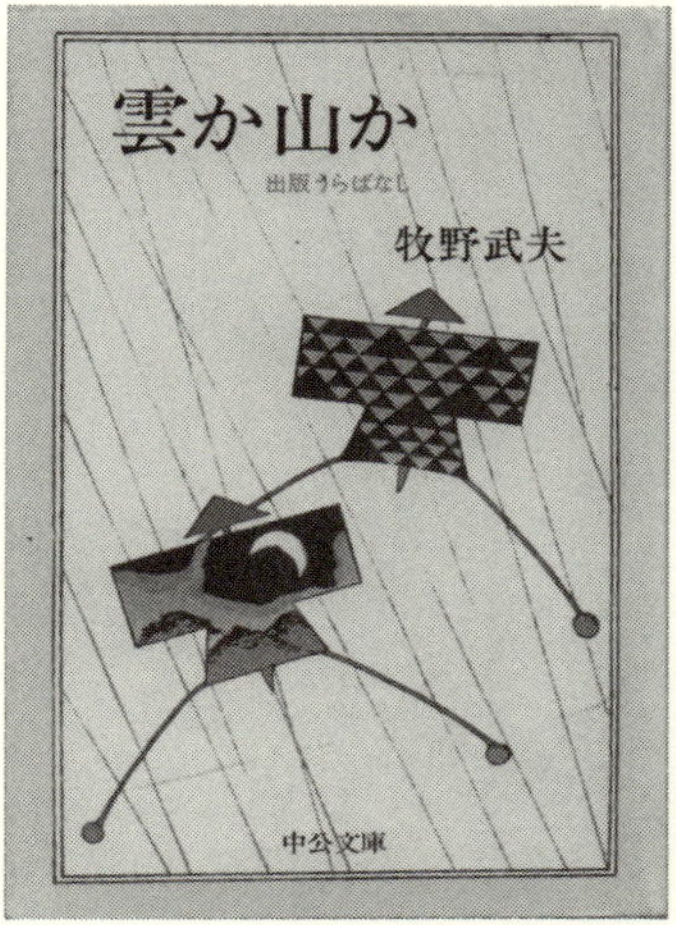

『雲か山か――出版うらばなし』牧野武夫、中央公論社、昭和51年7月

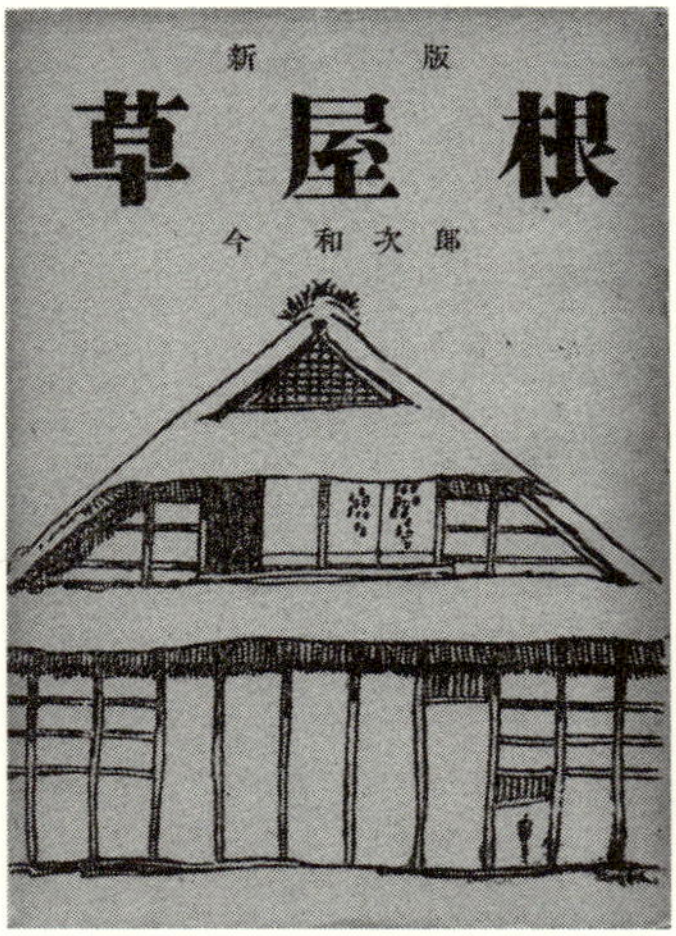

『新版 草屋根』今和次郎、乾元社、昭和21年7月

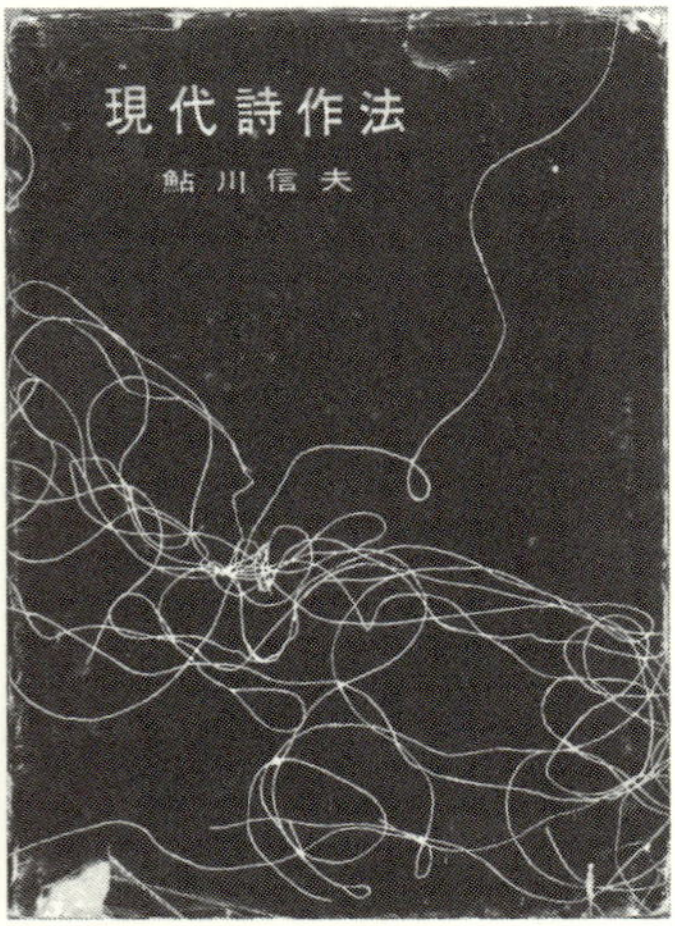

『現代詩作法』鮎川信夫、牧野書店、1955年8月

った牧野書店と乾元社をそれらの出版物と他の出版者の証言によって追跡してみる。

昭和十四年から戦後の三十年前後にかけて、牧野書店と乾元社が刊行した全出版物は把握できず、その資料も残されていないが、古本屋の均一台で拾っているうちにそれでも四冊になった。牧野書店版は広瀬清の長編小説『煙草』、鮎川信夫の『現代詩作法』、乾元社版は今和次郎の『住生活』と『新版草屋根』である。後者については日本古書通信社の樽見博氏が『古本ずき』（私家版）で触れていた。『煙草』は昭和十五年刊行で、戦時統制下にある煙草の配給と販売状況をレポートした小説であり、禁煙時代の現在から読むと本当に奇妙な読後感を与える。

この著者については不明であるが、それよりも興味深いのはこの巻末に創業二年目にして広津和郎の『愛と死』や宇野浩二の『閑話休題』といった随筆集など十五冊の既刊、新刊書目が掲載され、順調に出版活動をスタートさせていることだ。『雲か山か』には「閑話休題」が多用されていることから、牧野は宇野浩二の影響を受けているのであろう。中央公論社時代に牧野は『近松秋江傑作選集』を担当し、監修解説を引き受けた宇野と親しくなっていた。親しくしていたのは宇野ばかりでなく、牧野は晩年不遇だった加能作次郎の最後の作品集『乳の匂ひ』も刊行している。宇野浩二は『独断的作家論』(講談社文芸文庫)の中で、「加能の窮乏の生活をいくらかでも助けるつもりで、損得を度外視して、(中略)出版した」と書いている。

ところで、昭和十六年といえば、日中戦争が始まってから五年目であり、この本の出た八月の末というと、太平洋戦争のはじまる三月ほど前であるから、物資はますます窮屈になり、食料はいたく不自由になっていた時分である。このような時に、ささやかな出版社であった牧野書店が、このあまり売れそうにもない『乳の匂ひ』を出したのである。この事を私は敢て云いたいのである。

そして牧野に加えて、桜井書店の桜井均も急死した加能のもう一冊の『世の中へ』を刊行し、すぐに三千部の印税を窮状にある加能家に届けたことをも宇野浩二は「敢て」書いている。戦時窮乏下において、売れない作家たちを支えたのが、小出版社であった事実を伝えようとしているかのようだ。それは『雲か山か』に表われていない牧野の別の側面を描き出している。
しかしその後牧野書店は戦時中の企業整備の対象になり、牧野は乾元社を興して戦後を迎え、後に解散し、牧野書店を再興することになる。戦後の乾元社時代の昭和二十六、七年に『南方熊楠全集』を出版するのだが、同じ中公文庫に収録されている岡茂雄の『本屋風情』によれば、きわめて不評である。岡は次のように書いている。

とにかく乾元社版『南方熊楠全集』なるものは全集の体をなしたものではなく、これをもって南方翁の人文科学関係の総業績と誇称されてはたまらない。渋沢敬三さんも、全集とせずに選集とせよといわれたそうであるが、乾元社の懇請でやむなく、黙認されたということである。

岡茂雄は戦前に岡書院で正続『南方随筆』を刊行し、自らも全集を祈念する思いが強かったので、牧野武夫と乾元社に対しておもしろくなかったのではないだろうか。岡は岩波書店を考えていたが、春陽堂書店でも話が進み、それが頓挫し、全集企画の中心であった岡田桑三が「電車で旧知の乾元社主牧野武夫氏に遭い、同氏に南方全集出版の希望があるのを知って渋沢さんに伝え」、「全集の意義を深く考え」ていない乾元社に決まったといういきさつに不信を覚えていたからだ。ただ平凡社版編集には役立ったと記し、笠井清も「代表的なものを知るに足りる好編集である」

(『南方熊楠』吉川弘文館)と評しているので、戦後のこの時期に全十二巻を完結させたことだけでも評価すべきだろう。それに前述した今和次郎の二冊は昭和二十、二十一年に刊行されているし、乾元社は戦前から民俗学関係の出版をしていたのではないだろうか。だから「電車で」云々は岡茂雄の偏見、もしくは誤解だと思われる。

ここで牧野武夫の姿はしばらく消えていたのだが、意外なところに牧野と乾元社と牧野書店が登場するのである。思潮社の経営者小田久郎の『戦後詩壇私史』(新潮社)の第一章からだ。

私が「文章倶楽部」の編集を手伝うようになったのは、その一年ほど前からで、(中略)発行元の乾元社は、『原敬日記』や『南方熊楠全集』などの出版物で知られていたが、残念なことにいつ倒産するか判らない状態にあった。

乾元社だけではなかった。戦後の異常なブームにのって乱立した出版社は、戦後五、六年にはあらかた整理され、生き残った出版社のなかにも「明日は我が身」といったところが少なくなかった。たとえば筑摩書房の社長・古田晁が、乾元社の役員で戦中は竹村書房という文芸出版社で鳴らした旧知の竹村坦を激励しに何度か社に顔をのぞかせたことがあったが、その筑摩書房すら一、二年前から倒産の噂が絶えなかった。

昭和二十八年の記述であり、投稿雑誌だった『文章倶楽部』が『二十億光年の孤独』でデビューしたばかりの谷川俊太郎を詩の選者とする『現代詩手帖』的な雑誌へと移行していく時期で、その年の「詩を書く人々のための現代詩特集」は多大の反響を呼び、寺山修司や石原吉郎なども投稿者になっていった。その過程で乾元社はあえなく倒産し、発行所は牧野書店に移っていた。続けて鮎川信夫も選者に加わった。そして後に『現代詩作法』に収録される「現代詩をいかに書くか」を連載することになる。『文章倶楽部』は大正時代の新潮社の文芸誌と同名であるが、別の雑誌で、昭和二十三年に木村毅を編集長として読書展望社から創刊されたが、二十五年から乾元社発行になり、木村毅の求めに応じて詩青年の小田久郎は『文章倶楽部』の編集者にされてしまったのである。そして昭和三十四年に『現代詩手帖』を創刊することになる。

さてここで牧野武夫に戻ると、彼は改造社、中央公論社から、牧野書店、乾元社を経て、再び牧野書店へと移ってきたことになり、改造社の円本時代、中央公論社の出版部創設、牧野書店の近代文学、乾元社の民俗学の出版を体験し、『文章倶楽部』を発行することによって、戦後の現代詩の出発にも立ち会ったのである。だが鮎川信夫の『現代詩作法』を刊行した後の昭和三十年頃、牧野書店は倒産してしまったようだ。小田は『現代詩作法』について、「私が手がけたはじめての単行本で、いまでもいちばん愛着の深い本」で、「戦後の詩の原稿としても、今日までこれほど多くの読者を獲得し、かつ戦後の詩に影響を与えた本はほかにあるまい」とまで言い切っている。

だが倒産の悲劇はこの『現代詩作法』まで巻きこんでしまう。その時代芳賀書店が神保町の古本、特価本業界の新興勢力で、そこに『現代詩作法』の紙型が売り渡されてしまったのだ。

当時はまだ出版社の倒産が多く、どさくさにまぎれて紙型を売り渡してしまうことなど、日常茶飯の出来事だったようだ。刀折れ矢尽きた弱小出版社の末路ほど、無惨なものはない。そこではいままで背骨としてきたつもりの揺るぎない出版の理念も条理も、一挙に砕け散ってしまう。取り残された編集者は、幻想と現実のはざまに立って、はじめて現実のきびしさとわびしさを知るのだ。

彼は何の方途もないままに、芳賀書店の社長芳賀章にかけあいにいった。するとまだこれからの出版の可能性と理念が信じられていた時代でしかありえない思いもかけぬ出来事が起きたのだ。

私の話をじっと聞いていた芳賀は、「よし、判った」と私の肩をぽんと叩いた。「大事な本に傷をつけるところだった」。——そういって芳賀は著者に渡して欲しいと印税分の小切手を切り、紙型の返却を約束した。つまり芳賀は、紙型を買い取った代金を棒に振り、かつ前の出版社がとどこおっていた印税まで払ったのだ。

あまりにもできすぎた話で、にわかに信じられないような気もするが、日本の出版業界にも牧歌的な時代と出来事があったということで、了解しておこう。その背後には牧野武夫の明朗な性格が絡んでいるように思われる。いずれにしても牧野武夫の出版の軌跡や芳賀章の善意によって、近代文学も民俗学も現代詩もささやかではあるが、支えられてきたのではないだろうか。

12　鶴田久作と国民文庫刊行会

昭和初期円本時代はいきなり始まったのではなく、先行する予約出版形式を踏襲し、それを出版社・取次・書店という近代出版流通システムに導入することによって実現したと思われる。その先行者の一人として国民文庫刊行会の創業者である鶴田久作を挙げることができる。

鶴田久作は明治七年山梨県に生まれ、国民英学校を卒業し、日本鉄道会社を経て博文館に入り、明治三十八年に本郷区西片町で玄黄社を創業する。手元に古本屋で入手したラスキンの『胡麻と百合』（栗原古城訳）、『エマーソン論文集』（戸川秋骨訳）下巻があり、いずれも大正時代の刊行で、前者は『ラスキン叢書』の第四巻、後者は八版（大正九年六月）を重ねていて、両書の巻末には「玄黄社発行書目」が付され、翻訳物が主であるが、田岡嶺雲訳註による『和訳漢文叢書』全十二冊が挙がっている。玄黄社は東西の翻訳物から始まっていることになる。

そして明治四十二年に国民文庫刊行会が設立され、大正、昭和にかけて、日本の古典の集成である正続『国民文庫』、欧米文学の主要な作品を収録した『泰西名著文庫』『泰西近代名著文庫』『世界名作大観』、『和訳漢文叢書』を受けた『国訳漢文大成』、初めての『国訳大蔵経』などを刊

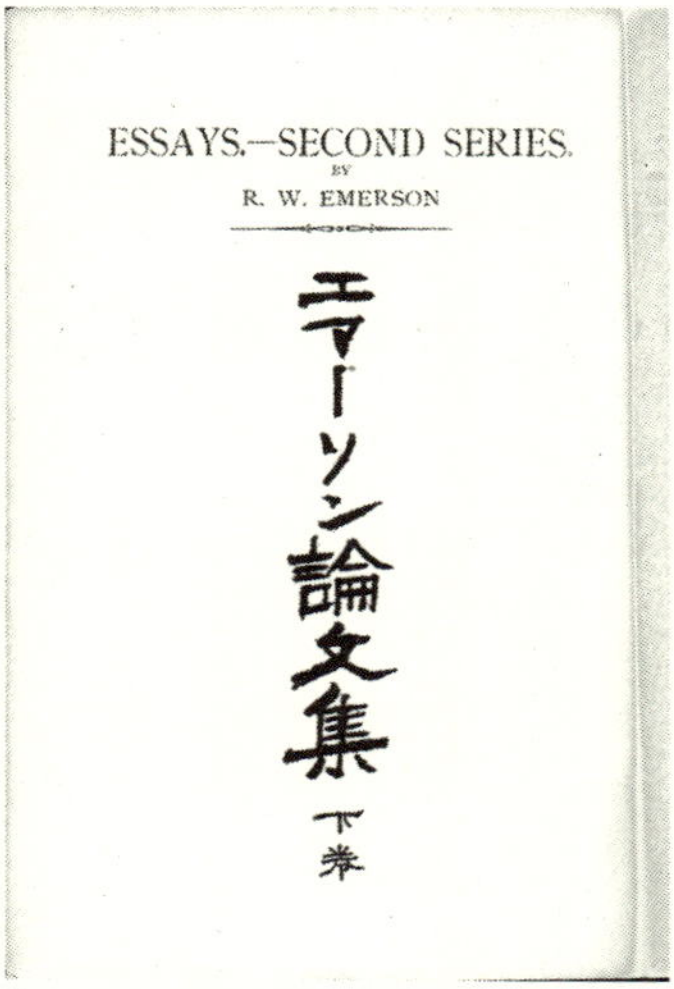

『エマーソン論文集 下巻』〔扉〕エマーソン著、戸川秋骨訳、玄黄社、明治45年1月

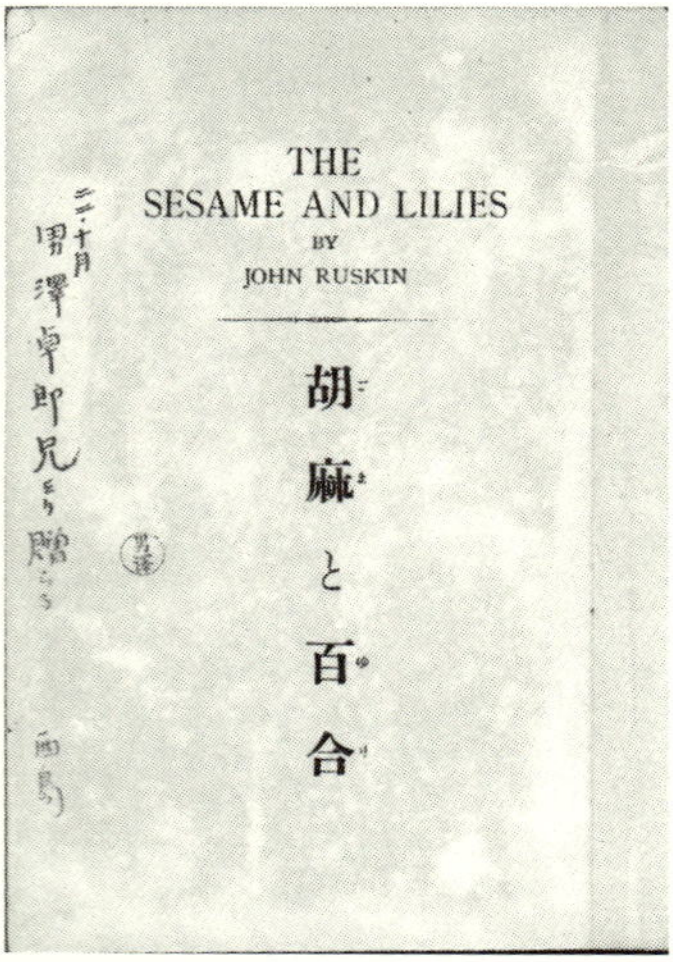

ラスキン叢書第四巻『胡麻と百合』〔扉〕栗原元吉、玄黄社、大正7年4月

行し、『国民文庫』『国訳漢文大成』『国訳大蔵経』はそれぞれ二万部前後に達し、いずれも成功を収め、財をなし、晩年を詩作と読書で悠々自適に過ごし、昭和三十年に八十歳で亡くなったという。

彼が東西の古典を出版する決意を固めたのは『胡麻と百合』の「原序」にあるラスキンの次のような言葉だった。

> 人生は短く、従つて静かな閑を得ることは極めて少ないものだから、詰らない書物等を読んでこれを空費してはならぬ。而して価値ある書物は、苟しくも文明国にありては、美しい体裁に印刷して、相当な価格を以て、何人にも行き亘らせるやうにしなければならぬもので、これを醜

い俗な形にしたり、又は活字を小さくして視力を害するやうな体裁にして、余り廉《やす》い値段で売るやうなことをしては不可《いけな》い。何となれば、吾々には元来《もともと》左様《そう》沢山の書物は要らぬので、印刷の好い、紙質の上等な、綴《とぢ》の堅牢な書物さへあれば可《よ》いものだからである。

このラスキンの「一生の間役に立つ良書を蓄積し、其小さな書庫を家庭の必要品」とすることを目的とし、鶴田久作の国民文庫刊行会は設立されたと言えよう。しかし国民文庫刊行会についてのまとまった言及は杉村武の『近代日本大出版事業史』（出版ニュース社）に一章が割かれているだけであり、出版物の全貌は不明で細目に関して論じられてもいない。私も『国民文庫』『国訳漢文大成』『国訳大蔵経』は未見であるが、『泰西名著文庫』の中の『英国近代傑作集』上下、『世界名作大観』のうちの『千夜一夜物語』全四巻は持っているので、それらを参照してみる。前者は大正五年の再版で菊判上製の八百ページを超え、後者は昭和初年度の四六判箱入りの重版で、いずれも奥付に「非売品」と記されている。

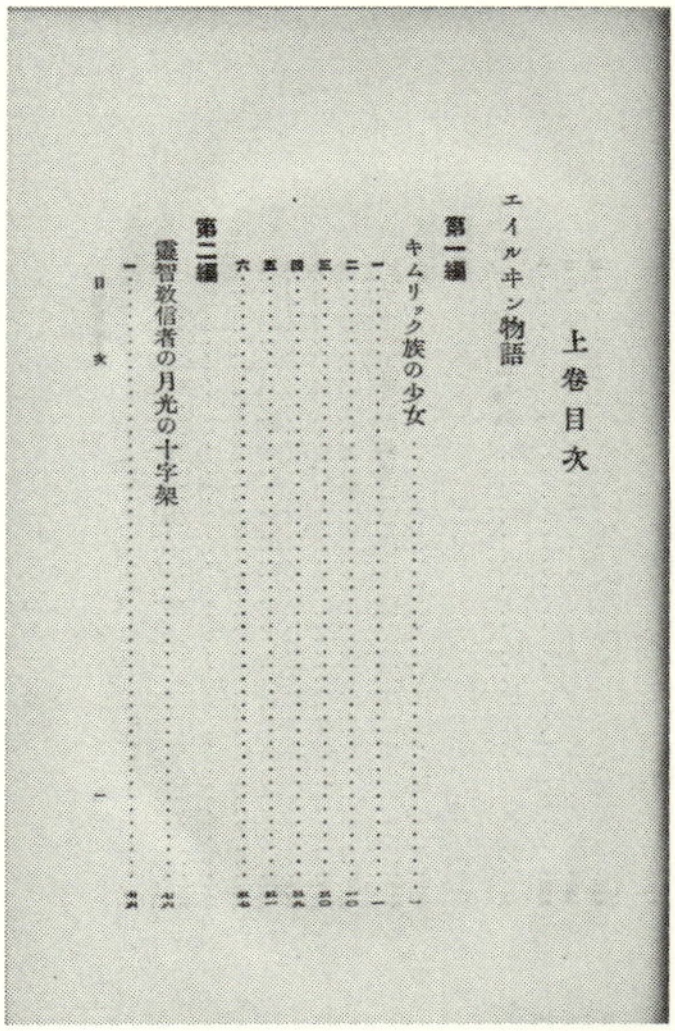
上巻目次

エイルキン物語

第一編　キムリック族の少女

一
二
三
四
五
六

第二編　霊智教信者の月光の十字架

一

目次

『英国近代傑作集 上巻』〔目次〕編集兼発行者 国民文庫刊行会、右代表者 鶴田久作、大正4年5月

私は『千夜一夜物語』に関して、これも取次を通じて書店に配本された円本であるとずっと思いこんでいた。だが調べていくうちに玄黄社は単行本中心であるために出版社・取次・書店という近代出版流通システムにあったが、国民文庫刊行会は読者への直接販売へと移行したと考えるに至った。もし返品が生じる取次と書店ルートに依存していたのであれば、国民文庫刊行会の成功はおそらくなかったはずだ。

小川菊松の『出版興亡五十年』（誠文堂新光社）に「通信販売外交販売あれこれ」という一章があり、六大取次が全盛となる前の明治末期まで店をかまえていた読者通販取次の青木嵩山堂に触れ、その店は廃業したが、取次に依存しない自社出版物の通信販売と外交販売が行なわれていた事実を明らかにしている。その代表的な本が講義録や実用書、あるいは予約出版物のようで、新聞広告による直接購入や名簿販売が主で、予約出版物は「内容見本進呈」によって直接購読者を多く獲得できたのだ。

杉村武は『近代日本大出版事業史』の中で、国民文庫刊行会が新聞広告を盛んに利用し、各叢書に十万円以上を費やし、広告費を惜しまなかったと書いている。

予約募集から、〆切迫るに至るまで、最低五回は各社一斉に半頁乃至一頁の広告を出している。そしてその途中、一定期間は各社一斉広告とせず、連日各社のどれかに広告の出るような出し方をしている。一種の広告追撃戦で〆切近くなると、「〆切迫る」「明日締切」「本日締切」「東京市内今晩十一時限」というところまで追っている。

まさしく昭和円本時代の広告合戦の先駆けであり、鶴田久作自身が書きわけていた。さらに杉村は小泉信三の『読書論』（岩波新書）に見られる『国訳漢文大成』を「郵便で申込んで坐がらにして読める」直接購入の体験を引用している。

また小川菊松の筆も鶴田久作と国民文庫刊行会を見逃していない。

ゲーテやエマーソンの論文集といった固いものばかりを出版し、又、タゴールの「生の実現」で大正初期のベストセラーを作った玄黄社の鶴田久作氏は、頭脳明晰出版企画よろしく、素人とは思えぬ手腕家であつた。氏は別に国民文庫刊行会を組織して、古典文学叢書大冊本十数巻を刊行した。最初は洋行帰りの中塚栄次郎氏と共営で、二人共自ら陣頭に立つて外交販売をやり、二人で一千部ずつ註文をとるという覚悟で著手したのであるが、意外にも評判が良くて、仲間取次だけで大に売れるようになつたので、外交政策はやめてしまつた。

小川菊松の証言は事実誤認や伝聞も含まれているので、少し割引いて考えなければならないが、国民文庫刊行会が「通信販売外交販売」による販路の獲得を目的として設立されたことを告げている。小川の鶴田に対する「素人とは思えぬ手腕家」云々は「編集者上がりにしては」という意味であり、「古典文学叢書大冊本十数巻」とは『国民文庫』正続五十四巻のことだと思われる。「仲間取次」とは簡単に言えば、客注、取次からの買切仕入れで、返品が発生しない注文を意味している。続けて小川は隆文館、内外出版株式会社、吉川弘文館も同様であると書いている。さらにその筆は桜井書店の桜井均、鶴田久作と別れて国民図書株式会社を興した中塚栄次郎にも及んでいるが、彼らは別に論じることにしよう。

したがって私の推測によれば、明治二十年代に成立した出版社・取次・書店という近代出版流通システム、それに依存しない全集や叢書の販売方法、もしくは赤本屋の系統も含んでいる「通信販売外交販売」の流れが一体化することで、昭和初期円本時代が成立したのである。企画の問題、価格破壊という現象にばかり目が向いてしまうが、背後にあるこのような流通事情を押さえないと、円本時代の全貌はつかめないであろう。

さて国民文庫刊行会の出版物は円本の前史と位置づけられようが、前述したように全出版物の明細もわかっていない。円本時代の企画が謎を孕んでいるように、国民文庫刊行会の出版物にも奇妙な作品が紛れこんでいる。それを先に挙げた『英国近代傑作集』に見出してしまう。これは上下巻で、下巻は平田禿木訳のヘンリー・ジェイムズ、トマス・ハーディ、ジョージ・メレディスの中短篇集であり、これらの作家はその後も続けて新訳が出され、継承して翻訳されている。しかし上巻の戸川秋骨訳のウォッツ＝ダントンWatts-Dunton の『エイルイン物語』Aylwin は後に『世界名作大観』にも再録されるが、ただ一度だけの翻訳であり、戦後になってもまったく言

いる。

九百ページ近くに及ぶ『エイルイン物語』について、戸川秋骨は「序」で次のように述べている。

> エイルイン物語は実に近代の珍書である。恐らくその類を求め難いほどな小説である。徹頭徹尾神秘で、幽遠で、飽まで緊張したもので、而も実に可憐なる物語である。

そして著者のウォッツ＝ダントンが英国文壇の重鎮で、ラファエル前派の人々と親しく、またスウィンバーンの共同生活者であり、『エイルイン物語』を「一代一作といふべき大作」と紹介している。だが戸川秋骨もこの「大作」を自ら認めているように充分に理解した上で翻訳しておらず、訳文を通じて伝わってくるのは英国の世紀末的雰囲気、ウェールズのケルト文化、ジプシーに対する深い注視、詩的神秘主義、ラファエル前派の絵画の影響に包まれ、たどたどしく進行していく物語の流れである。それでもこの作品が異形の物語で、幻想小説といった分野において、かなり重要な作品ではないかというニュアンスは伝わってくる。

だが『新潮世界文学辞典』や荒俣宏の『世界幻想作家辞典』（国書刊行会）、由良君美著・監修の『世界のオカルト文学幻想文学・総解説』（自由国民社）をくってみても、著者も作品も見当たらず、スティーヴン・アダムズの『ラファエル前派の画家たち』（リブロポート、高宮利行訳）の言及がない。

中にも登場していない。日本における海外の幻想文学系の書物はマリオ・プラーツの『肉体と死と悪魔』（国書刊行会、倉智恒夫他訳）の影響下にあるために、ここで取り上げられていない著者と作品は排除されていると考えられる。『エイルイン物語』はプラーツの著書が書かれた一九三〇年代のヨーロッパ文学圏においてもすでに忘れ去られてしまった存在だったのだろうか。

しかし大正時代におけるこの翻訳は昭和に入っても余韻が残っていたようで、昭和十一年発行の『世界文芸大辞典』（中央公論社）には著者と作品の双方が戸川秋骨によって立項されている。その「エイルウィン」を引いて、疑問点はいくつかあるが、その物語の要約を示しておく。

イギリスの一名家に生れたエイルウィンといふ若い男と、ジプシイ族の可憐なる一少女との恋物語であるが、その恋物語は普通のそれでなく、死に対する恐怖と恋との烈しい心理の闘を記したもので、それはハムレットの煩悶にも似て居る。全篇を通じて神秘の気分が横溢して居り、ジプシイ族の特性がよく描き出されて居る。更に芸術的気分も潤沢であり、特にラファエル前派の絵画を小説にしたやうな趣がある。同時に天地山川に対する愛着はこの小説の特徴であって、これはヨーロッパ殊にイギリスの小説には珍しい事で、北ウェールズはスノォドンの風景がその中心となって居る。空に漂ふ雲の断片と、それを幸運の前兆と見る少女の話に始まり、正しく死んだと思はれる恋人の、その風光明媚な山中に琴の音と共に姿を顕すに終る。

ひどく複雑で錯綜した物語ゆえにこのように要約しても輪郭がつかめないが、訳者による誠実な要約だと思われる。私としても戸川秋骨訳で読んだだけでは不満が残っているので、原書を入手次第、一度読んでみて、あらためて『エイルイン物語』について報告したい。

さてこの『エイルイン物語』が『世界名作大観』に再録されたと前述したが、アテネ書房の『「日本の釣」集成』の一冊に、国民文庫刊行会のアイザック・ウォルトン著・平田禿木訳『釣魚大全』があり、その巻末に詳細な『世界名作大観』全五十冊の案内書を見つけたので、それを挙げておく【資料4】。

奥付は昭和十一年、『世界名作大観』は「総クロース製、天金、一冊約七百余ページ」「分冊定価一冊金二円」とあり、円本時代をしぶとくくぐり抜け、十年以上にわたってロングセラーであったことを示している。

13　市島春城と出版事業

市島春城（謙吉）は明治三十六年から大正六年にかけて早稲田大学の図書館長を務め、日本の図書館行政に多大の貢献をなし、また多くの随筆集を残したことはよく知られているが、同時に近代出版史においても重要な人物であり、いくつもの出版事業にかかわっている。それらは早稲田大学出版部、国書刊行会、稀書複製会、大日本文明協会であり、早稲田大学出版部については『早稲田大学出版部一〇〇年小史』や高田早苗の『半峰昔ばなし』（いずれも早稲田大学出版部）に述べられ、国書刊行会や稀書複製会に関しては自ら「国書刊行会の思い出」や「安田善次郎君を悼む」「林若樹君」（いずれも『春城随筆　余生児戯』所収、冨山房）で語っている。しかし大日本文明協会のことは言及していないように思われる。

『日本出版百年史年表』によれば、大日本文明協会は大隈重信を会長とし、明治四十一年に東西文明の調和を目的として出版と講演を行なう意図で設立され、昭和初年まで継続したようである。同年に第一期第一冊の『欧米人の日本観』から始まり、大日本文明協会は昭和初年まで二十年以上にわたって三百冊以上を刊行し、第一期の編集長は浮田和民、第二期からは市島春城が務めている。

杉村武の『近代日本大出版事業史』に一ページほどの「大日本文明協会叢書」という一節があり、刊行点数が記されているので、それを引用しておくが、昭和元年以後の第七期は不明である。

第一期（明治四一年―四五年）菊五〇冊
第二期（大正元年―三年）菊四八冊
第三期（大正三年―四年）菊二四冊
第四期（大正五年―九年）四六判六〇冊
第五期（大正九年―一〇年）同一二冊
第六期（大正一一年―一五年）同六〇冊

さらに「出版物は大半が翻訳で、法律、経済、政治、哲学、歴史、自然科学、時事あらゆる方面にわたり、書目の取捨、翻訳、玉石混淆の譏を免れぬが、大正期の文化に海外の新風を吹き入れた」と言及されているが、三百冊以上に及ぶ出版物の明細はまったく挙がっておらず、これほど内容がわかっていない叢書もめずらしいのではないだろうか。大正十三年に大日本文明協会が発行した『明治文化発祥記念誌』にまとまった書影を見つけたので、それを掲載しておく【資料5】。

そういえば、ハヴロック・エリスのところで宮島新三郎の訪問記を紹介したが、エリスの『夢

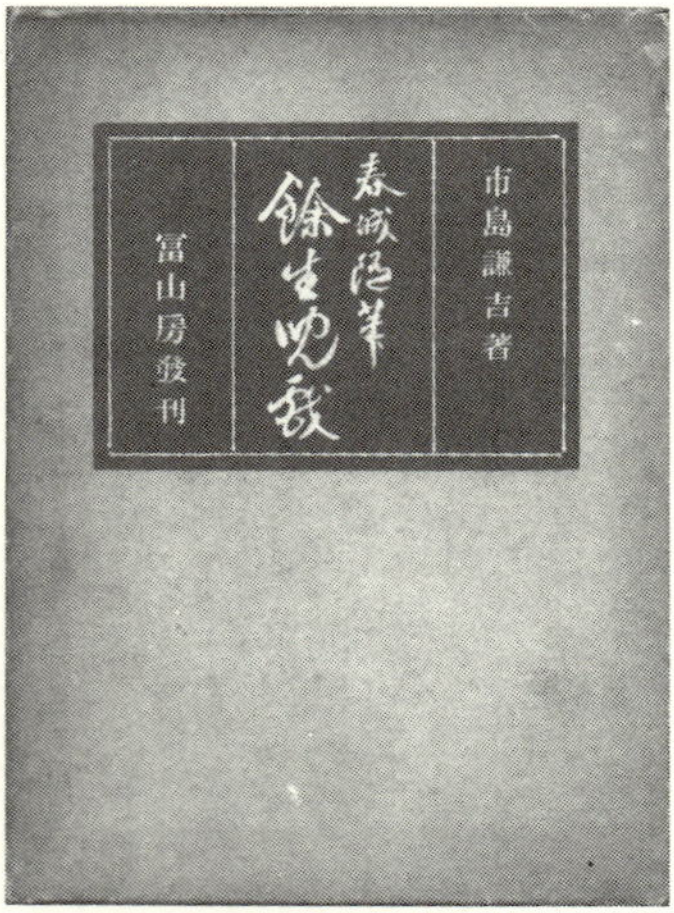

『春城隨筆 余生兒戲』市島謙吉、冨山房、昭和14年11月

の世界』と『性の心理』も大日本文明協会の企画に挙がったとの記述もあった。前者は後に岩波文庫に収録された。さらに岩波文庫のヘッケルの『生命の不可思議』の元版は大日本文明協会から刊行されている。

大日本文明協会について目を開かされたのは高橋巌と荒俣宏の対談集『神秘学オデッセイ』（平河出版社）においてだった。高橋は大正時代にルドルフ・シュタイナーの影響が日本の右翼思想や大本教、教派神道に流れこんでいると指摘し、そのきっかけとしての大日本文明協会に言及している。それを受けての荒俣の発言である。

あれはおかしな協会なんです。当時の西欧における前衛思想を盛んに吸収して、日本に紹介していたグループなんですが、たしかリーダーが大隈重信だったと思います。横山又次郎という世界終末や地球の驚異史の大家が一枚噛んでいたり、メチニコフやエルンスト・ヘッケルの翻訳をプロモートしたのもここですよ。

この荒俣の発言に対して、高橋が答えている。

その大日本文明協会でシュタイナーの本を『三重国家論』というタイトルで翻訳しているんです。その本では、国家には三つの組織が組みこまれており、それらは精神生活、法的生活、そして経済生活であるというように訳されているんです。ところがシュタイナーの原本では、『三重の社会論』であって、その社会の中に精神生活と国家生活と経済生活が組みこまれているといっているわけです。ですからひとつの単位に過ぎない国家を全体の単位にしてしまったために、一国社会主義の発想の中でシュタイナーの理論が受け取られたんです。

この両者の発言によって大日本文明協会のことが印象づけられたのだが、巻末の「参考文献」を見ると、大日本文明協会の本はメチニコフの『不老長寿論』(中瀬古六郎訳)しか挙がっていなかった。つまりシュタイナーの『三重国家論』の訳者についての言及もないことから察するに、高橋も荒俣も原本を入手しておらず、孫引きで発言しているのである。書痴の荒俣宏ですら入手が難しい本なのかという思いが読後に残った。

それからすでに二十年以上経つにもかかわらず、古本屋で大日本文明協会の本にずっと出会わなかった。ところが出会いの時はあるもので、最近になって古本屋でその山を見出したのだ。さすがに『三重国家論』は含まれていなかったが、三十冊ほどあり、とりあえず十冊買い、数日後に残りをまた買いにいったが、すでに売り切れていた。やはり探している人は他にもいるのだ。

私の買った大日本文明協会の本と2の奥付にある「大日本文明協会役員」一覧を挙げておく【資料6】。市島春城は第二期から参加しているためにその名前はまだ記載されていない。

1　イー・ハリソン・バーカー著　村井知至訳『仏国人の仏国』　明治四十三年
2　煙山専太郎編『近世泰西英傑伝』第二巻　明治四十四年
3　サー・チャールス・エリオット著　井上留次郎他訳『土耳其帝国』　明治四十四年
4　ウィリアム・ハルバット・ダウソン著　東譲三郎訳『現代独逸の発展』明治四十五年再版
5　エリザベス・ウォームレー・ラティーマー著　松平康国訳『十九世紀末年史』発行年不明
6　服部文四郎他編『戦時及戦後の経済』　大正五年
7　ゲオルグ・ノイハウス著　岡田甲子之助訳『独逸の職業組織』　大正七年
8　アルバート・ガロウェー・ケラー著　志水義暲訳『社会進化論』　大正七年
9　ウィリアム・ヘンリー・ビーブル著　訳者不明『商業的露国及西比利亜』大正九年
10　チャールス・サロンリー著　和田浮民訳『露西亜大観』　昭和二年

全点の明細はわからないのだが、この十点だけを見ても、奇妙というか、ちぐはぐなラインナップだと思わざるを得ない。

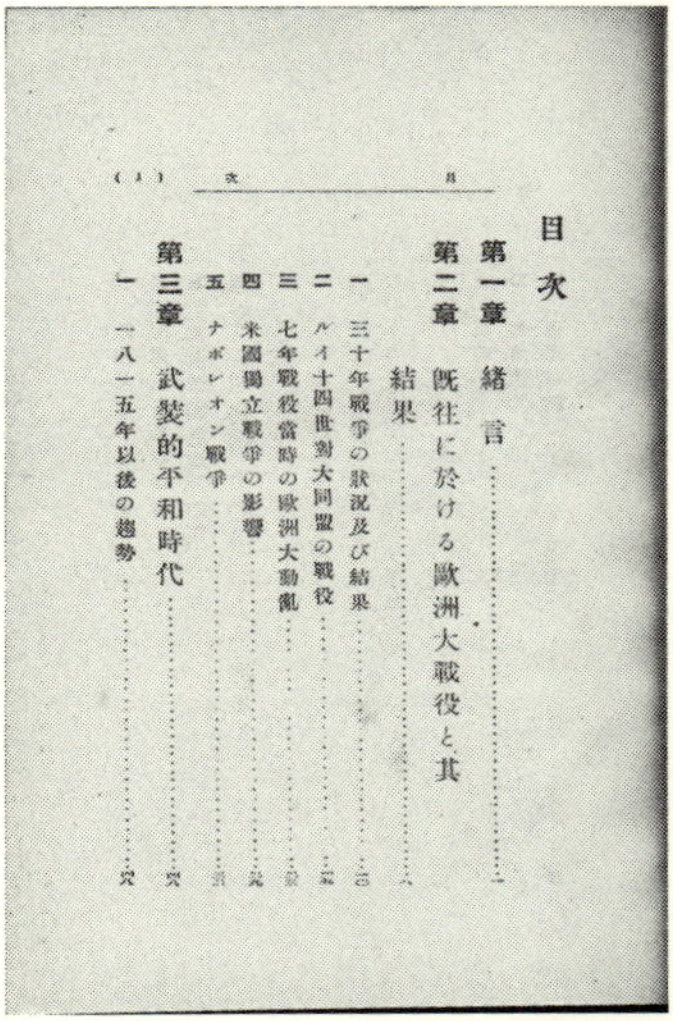

『戦時及戦後の経済』〔目次〕編集兼発行者 大日本文明協会、右代表者 市島謙吉、発行所 大日本文明協会事務所、大正5年7月

『近世 泰西英傑伝 第二巻』〔口絵〕編集兼発行者 大日本文明協会、右代表者 磯部保次、発行所 大日本文明協会、明治44年1月

1から5が第一期の菊判、6から9が第四期の四六判、10が第七期の四六判と分類できる。第一期の菊判は上製天金で、2などは千ページを超えて束があるのだが、第四期以後は三百から五百ページで、前者と比べると見劣りする。6からは発行代表者が市島謙吉となり、それは10の第七期まで続いている。留意すべきなのは1から9までが奥付に非売品と記され、大日本文明協会の書物が予約出版物であったことを示している。だが第七期からその表示が消え、発行所名も財団法人文明協会と改称され、流通販売の変化をも伴っているように思われる。その巻末には昭和二年度刊行書目が十二冊挙がり、ミシュレの『女性』なども含まれてい

るので、まだ翻訳出版は昭和に入っても続いていたことがわかる。
昭和に入っての流通販売の変化はおそらく取次ルートに移行したことであろう。それまでの大日本文明協会の出版物は国書刊行会と同様に会員組織によって流通販売されていたと思われる。国書刊行会の場合、それを担ったのが、今泉定介及び弘文館という出版社であった。市島春城は「国書刊行会の思ひ出」の中で書いている。「印刷頒布の事務は弘文館にやらせてもよし」と。とすれば、大日本文明協会にも弘文館のような出版社が当然あったはずだ。
それがまたしても小川菊松の『出版興亡五十年』の「通信販売外交販売あれこれ」の章に記されている。

外交販売にも、それ専門と、普通業者の兼営との二種がある。草村北星氏が創立した隆文館は、一般的出版業であったが、一方に大隈侯を総裁に仰いで大日本文明協会を組織し、五十巻の翻訳書を刊行して、外交販売で成功し……

草村北星はもはや近代文学史にも出版史にも姿をとどめていない。彼は明治十二年熊本生まれで、東京専門学校に学び、坪内逍遥の影響を受け、卒業後金港堂に入り、『文学界』の編集に携わるかたわら、『浜子』などの家庭小説を書き、その代表的作家と見なされた。明治三十七年に金港堂を退社し、隆文館を創業し、佐藤儀助が休刊した『新声』を翌年復刊し、文芸書出版を続けながら、大日本文明協会を確実に利益が上がる予約出版外交販売のために組織したように思われる。大隈重信、市島春城を上に据える仕組みは国書刊行会と同様で、それを計画した弘文館の顧問の今泉定介が旧『新声』の関係者であることから、予約出版外交販売方式が今泉定介を経て草村北星に伝えられたのではないだろうか。いずれにしてもここで明かされていない近代文学史と出版史が交差しているのだ。

小川菊松によれば、草村は隆文館を引退後、竜吟社と財政経済会を組織し、『明治大正財政史』や『新聞集成明治編年史』などの外交販売企画を続々と刊行したらしい。昭和八年の『新聞集成明治編年史』は昭和五十七年の本邦書籍の復刻版を持っているが、これが草村北星の企画だと知り、驚くばかりである。『新聞集成明治編年史』も上に日本新聞協会会長の伯爵清浦奎吾が据えられ、新聞集成明治編年史編纂会が組織され、顧問の中には市島春城の名前もあり、同じく顧問の宮武外骨の「東京帝大法学部　明治新聞雑誌文庫と本編年史に就いて」という一文が寄せられている。国書刊行会、大日本文明協会と同じ仕組みなのだ。だが草村北星の名前はない。大日本文明協会と同様に彼は影の出版プロデューサーであったように思われる。

大日本文明協会に戻ると、『日本出版百年史年表』に隆文館の廃業が大正十年とあるので、大日本文明協会の出版物も第六期から取次ルートへと移行し、おそらく非売品の記載が消えているのではないだろうか。草村北星の竜吟社は戦後までは存続し、彼はそこから疎開日記『戦塵を避けて』を刊行しているようだが、未見のままで、そのうちに読んでみたい。

14　三省堂と『図解現代百科辞典』

続けて市島春城の『春城代酔録』（中央公論社　昭和八年）にも触れたい。この中に「書斎雑興」と題された十六編の書物エッセイが含まれ、それぞれ興味深いが、とりわけ「図解現代百科辞典」の一節に共感を覚えた。

私はこの辞典を愛用し、時々めくってみては、その多くの絵や図版や写真に、萩原朔太郎が「不思議に一種の新鮮な詩的情趣が縹渺している」と感じ、『青猫』の中に挿入した木版挿絵に対するような思いを抱いていたからだ。市島は今では誰も言及しない『図解現代百科辞典』についての同時代的批評を寄せている。

いろいろの専門学科にもそれぞれ図を具した辞書があるけれども、一部に纏めて集大成したものは此の図解現代百科辞典が創始である。（中略）勿論「現代」と書名にも標榜してあるごとく、現代の人物、風俗、機械、其他あらゆるものが網羅されている。そして古い時代のものでも現代人が知らねばならぬことがよく選ばれよく収められている。恐らく他日に至っても此の選択されたものは今日と同じやうに必要がられるであらうし、現在のものも亦他日に至り、恰かも今日江戸時代の物を見るがごとく、明治、大正、昭和の世相を知るの材料となることを思ふと、此の現代百科辞典の生命は甚だ長いものと思はねばならぬ。

本当に的を射た意見であり、平成に入り、「明治、大正、昭和の世相を知る」辞典にまさしくなっている。収録された六万の絵や図版や写真はそれこそ「一種の新鮮な詩的情趣」に充ち、過去への旅の案内を務めているようだ。

私の場合、できるだけその時代のことは同時代に刊行された辞典類で最初に調べるという方法をとり、例えば明治、大正は『日本百科大辞典』（三省堂）、昭和戦前は『大百科辞典』（平凡社）『国民百科大辞典』（冨山房）を使っているので、古い辞典がたまってしまった。これらの辞典には何と多くの出版をめぐる物語がつまっていることだろう。

三省堂の『日本百科大辞典』は明治四十一年に第一巻が出され、第六巻の刊行後の大正元年に三省堂が破産し、中絶したが、編集長の斉藤精輔は執筆人の支援や各方面からの資金援助を受け、日本百科大辞典完成会を組織し、大正八年に全十巻を完結させた。所要年数二十二年だった。平凡社の『大百科辞典』は円本時代の後を受けた起死回生の企画であり、オフセット印刷を採用し、集団編集システムで昭和六年からわずか四年間で完成している。冨山房の『国民百科大辞典』は昭和九年から刊行され、左開き二段組横書、一項一解、図解本位で百科辞典の新機軸を打ち出し

『図解 現代百科辞典 第一巻』編纂者 三省堂百科辞書編集部、三省堂、昭和6年12月

A

TREE OF KNOWLEDGE

GARTH JONES

A, the first letter in the English and many other alphabets, has come to us from the picture of a bird. It is derived from the old picture writing as shown in this picture-history of it—hieroglyphic, Egyptian script, Phoenician, old Greek, old Roman, and modern.

A in writing. These capital and small A's represent Hebrew, Greek, Roman, Anglo-Saxon, Gothic, Old English, German, Celtic, Engrossing, Italic, Tudor, Victorian, and Modern Script.

Treble Clef　Bass Clef

A in music. One of a series of tones at intervals of an octave, used as a standard tone for tuning instruments.

AMATEUR · ATHLETIC · ASSOCIATION

A.A. The familiar badge of the Automobile Association, seen on cars.
A.A.A. Amateur Athletic Association.

AAH. Egyptian moon god represented in two forms, one with an animal face and one with a human face.
Aaland Islands. See Atlas 11, L 6.

AALBORG. A Danish seaport in Jutland. It has many old houses like this. (Population 38,000). See Atlas 11, E 8.

AALESUND. Norwegian fishing port. (Population 16,500). See Atlas 11, D 5.

AAPEP. In Egyptian mythology, a great serpent, the symbol of evil; he is seen here being speared.
Aarau. See Atlas 9, C 1.

AAR RIVER. Tributary of the Rhine watering the plain of northern Switzerland. About 180 miles long, it rises near the Grimsel Pass and flows through Lakes Brienz and Thun to join the Rhine near Waldshut. See Atlas 9, B 2.

AARDVARK. The South African Dutch name for the earth-pig, Orycteropus capensis.

AARDWOLF. Called also the maned jackal. It somewhat resembles a long-legged, large-eared hyena. Shy, and a night-roamer, it is widespread in Africa.

AARESTRUP, EMIL (1800–56). A Danish lyric poet.

AARHUS. Second largest Danish port and chief city of Jutland, with a notable cathedral (75,000). See Atlas 11, F 8.

AARON. The brother of Moses and first high priest of the Israelites, who died on Mount Hor. This statue is in the archbishop's palace, Milan.

leaf
flower
fruit

AARON'S BEARD. The large-flowered St. John's-wort (Hypericum calycinum) common in British gardens and found wild. It is a native of S.E. Europe, and is known also as Rose of Sharon.

AARON'S ROD. An ornament in art and architecture; a straight rod with one serpent twined round it.
AASEN, IVAR ANDREAS (1815–96). A Norwegian philologist.

B

"I・SEE・ALL Vol.1 The WORLD'S FIRST PICTURE ENCYCLOPEDIA" 初版編者 ARTHUR MEE、名著普及会、1982年5月

た。これらは現在になってみれば、当時の事柄を調べるためには欠かせない資料庫である。いずれもがロングセラーとなり、これらが戦前の百科辞典を代表するもので、それからまだ四十年ちかく百科辞典の時代が続いたことになる。

その他にも『大辞典』や『新撰大人名事典』(いずれも平凡社)、『世界文芸大辞典』(中央公論社)なども使っているが、後者はウオッツ＝ダントンと「エイルウィン」の例を挙げたように、この辞典にしか掲載されておらず、貴重な記述と化している。谷沢永一も絶賛しているように、この『世界文芸大辞典』は内容、活字、用紙、造本、装丁のすべてがすばらしく、再評価されてしかるべき辞典のように思われる。ウオッツ＝ダントンに触れたので、Encyclopedia Britannica についても言及しよう。

『世界文芸大辞典』にウオッツ＝ダントンが有名な詩に関する一文を寄せているとあり、見てみると、Poetry の項が五ページにわたって展開され、執筆者名を意味するT. W-Dの表記がなされていた。私の所持しているのは一九二九年の第十四版で、『世界文芸大辞典』は昭和十年(一九三五)からの刊行なので、同時代の英国と日本の辞典が共鳴し合っているのだ。しかしこれ以後の版ではウオッツ＝ダントンの寄稿が消去されている可能性も強いので、当時の辞書同士に限っての共鳴だと思われる。

Encyclopedia Britannica はそれほど使わないが、この図版の写真版と考えられる *I See All* は翻訳のために頻繁に引いている。この事典に関しては紀田順一郎他編の『事典の小百科』(大修館書店）の中に、英文学者の小池滋による丁寧な紹介がある。それを引用してみる。

文字による定義や説明を極力排して、絵と写真だけで一貫した、いわば「究極の図解事典」がある―I See All : The World's First Picture Encyclopedia, (Arthur Mee ed., London : Amalgamated press)：。「世界最初」というキャッチフレーズにいつわりがないのかあるのか、私は知らないが、とにかく見ているだけでも楽しい五巻本、一九世紀末から二〇世紀初頭にかけての風俗事典として見ることもできる。その時代を舞台にした文学作品を読む時には、欠かせない参考書となる。例えばシャーロック・ホームズ物語を読んで馬車の種類cab, coach, hansom, brougham等々の区別を知りたい時には、これにまさる助けはあるまい。一九二〇年代の本だが、一九八二年に日本の名著普及会から翻刻版が出ているから、現在でも手に入る。

この『事典の小百科』が出されたのは二十年ほど前なので、*I See All*が現在でも入手できるかを確かめていないが、私は六年ほど前に古書目録を通じて五万円で購入した。小池の記述に全く賛成で、さらに時代の幅が広げられ、十九世紀全体を含め、二十世紀前半まで応用できるような気がする。例えば、ゾラの場合、暖炉の描写がある場面も多いのだが、*I See All*に四種類の暖炉様式が写真掲載され、それを見て具体的なイメージが浮かび、翻訳に役立てることができた。

さらに数年するとレイモンド・チャンドラーの翻訳権が切れるので、手始めに『大いなる眠り』を試訳したことがあった。村上春樹の『長いお別れ』や田口俊樹の『大いなる眠り』の新訳の話はまだ耳にしていなかったからだ。するとジャーキンjerkinという服がしばしば出てきて、『リーダーズ英和辞典』には「(1) 袖なしの短い胴着 (2) 16—17世紀の男子用の短い上着」、『ランダムハウス英和大辞典』には「16—17世紀の革などで作ったぴったりした胴着または短いコート(?)」とあり、後者にはイラストも入っていたが、ぴんとこないので、*I See All*を見ると、絵が二枚掲載されていて、ゲイルックを彷彿させ、ホモセクシャルを暗示している服だと見当がついた。

この事典には世界中から収集した十万枚に及ぶ図版や写真や絵が含まれ、当時としては最高のピクチャレスクな書物であると断言していいだろう。特に各巻には三十ページ前後のカラーの図版があり、様々な分野の色模様を明確に伝え、主として西洋の色彩を通じて風俗の実態をまざまざと示しているかのようだ。だからこそ、小池滋のようなオマージュが寄せられているのだ。『図解現代百科辞典』が刊行され始めたのは昭和六年で、しかもB5判、全五巻であることからすると、明らかにこれは日本版*I See All*だと見なすことができる。それにもかかわらず、詳細な辞典案内である前述の『事典の小百科』や佃実夫他編『辞典の辞典』(文和書房)においてもまったく言及がなく、『三省堂書店百年史』にも触れられていない。『日本百科大辞典』の偉業に隠れ、忘却されてしまったかのようだ。それゆえに市島春城の証言は貴重なのである。

その内容に立ち入り、少しばかり紹介をしてみる。刊行は昭和六年から八年にかけての全五巻であるが、合本形式も出版されていたようだ。編纂者は『日本百科大辞典』と同じ斉藤精輔を代表者とする三省堂百科辞書編輯部となっている。「巻頭の辞」に「図解現代百科辞典の構成要素は、実に『文字の百科辞書』と『絵画の百科辞書』との完全な結合にある」と宣告され、次のように記されている。

絵画によって知識を領得する手段を書に利用したもの、古くは我朝に和漢三才図会、諸種の名所図会、訓蒙図彙等があり、近くは外国に画を主とした百科辞書の発刊を見た。併し外国のそれは画になり難いものは省略に従うてあるので、真の意味に於ける百科辞書の実質を欠いでいる。本書は特に此の点に注意し絵のあるべきものは洩れなく之を掲出すると同時に、絵のない又は絵を要せない項目の説明をも加へて完璧の百科辞書たらしめるに力めた。

（中略）『図解現代百科辞典』の刊行は、日本百科大辞典改訂再版事業の派生的副生産物として、実に其親辞典である日本百科大辞典の豊富多方面なる資料に負ふところが多く、其姉妹篇として、其先駆者として、これに先立って呱々の声を挙げるに至ったのである。

「外国に画を主とした百科辞書の発刊」とは確実に *I See All* を指し、それを意識して企画編集されたことを告げている。それに加えて『日本百科大辞典』の副産物であることも示され、辞典時代の進化に応じて、絶えず資料の収集を怠らず、改訂されていく宿命にあることが語られている。そして「凡例」に置かれた「諸外国に関するものを多く採録したるは、吾人の日常生活が驚くべく『世界化』しつゝある現状に応ぜんことを期したる」という一文は、大正から昭和にかけて、日本が近代のグローバリゼーションの波の中にあった事実を浮き上がらせている。だから「世界化」を解読するために言葉だけでなく、ありとあらゆるピクチャレスクな資料までが動員されなければならない時代に入っていたのだ。その解読の眼差しには必然的に帝国主義の視線も含まれていたであろう。

三段組で、上の部分が図解で写真や図版や絵、下の部分が活字で辞典となっていて、別刷挿入の鮮やかなカラーページも数枚あるが、『図解現代百科辞典』はモノクロ写真、図版、絵の王国といっていいだろう。それゆえにイメージがとめどもなく喚起され、夢想を育む機能を発揮しているようだ。

「あ」の部分から一例を挙げてみよう。「アイノヤマ」(間の山・相山)という項があり、「伊勢国宇治山田市古市の地名。(中略)往時路傍に三味線を弾き間の山節を歌うて銭を乞ふ女がいた。間の山の阿杉、阿玉といひ、伊勢参宮道の名物であった」と記され、上段にどこからの引用なのかわからないが、「相の山(阿杉・阿玉)」という絵が置かれ、「アイノヤマブシ」(間の山節)が続き、「徳川時代の流行歌。伊勢古市の間の山の物乞が路傍で歌った歌で、(中略)歌想は無常観、調は哀愴陰惨なものであった」と説明されている。

これらの二つの項と絵を目にすると、すぐに中里介山の『大菩薩峠』の中でお君が歌う間の山節が浮かんでくる。

夕べあしたの鐘の声
寂滅為楽《じゃくめついらく》と響けども
聞いて驚く人もなし

花は散りても春は咲く
鳥は古巣へ帰れども
行きて帰らぬ死出の旅

角川文庫で『大菩薩峠』を読んだのは中学生時代だった。なぜかあの高度成長期の時代は『図解現代百科辞典』のようなモノクロの記憶の中にある。まだカラー写真が普及しておらず、モノクロ写真の中に多くの記憶がつめこまれているからなのだろうか。

15　講談本と近世出版流通システム

近代文学と近代出版流通システムの誕生は軌を一にしている。明治半ばになって郵便制度の普及、鉄道網の拡張、運送の発達などを伴い、近代書店が出現し、出版物が全国的に流通し始め、それらを流通させる取次が整備され、明治三十年頃には東京堂を始めとする六大取次時代を迎え、出版社・取次・書店という雑誌や洋本を主体とする近代出版流通システムを確立するに至った。

近代文学の始まりとされる坪内逍遥の『当世書生気質』と『小説神髄』は明治十八年から十九年にかけて、二葉亭四迷の『浮雲』は明治二十年に刊行され、並行して硯友社の『我楽多文庫』や民友社の『国民之友』も創刊されている。

だがそのかたわらで草双紙や錦絵といった地本を扱い、出版・取次・新本・古本の販売も兼ね、貸本屋や絵双紙店を対象としていた近世出版流通システムもまだ健在であり、明治後半まで近代出版流通システムと共存していたと思われる。それを講談本の世界にうかがうことができる。保存状態のよい和本の講談二冊をそれぞれ千円で入手したので、まずはこれを手がかりにして追跡してみる。

一冊目は『白浪五人男』で、菊判並製のカラー表紙に東京書肆上田屋蔵板、神田白仙口演、柿沼柳作速記とあるが、裏表紙はなく、糸綴でザラ紙三百ページに及び、束は二センチほどの厚みを示している。奥付を見ると、明治三十一年発行、発行者は戸田為治郎、発行所は愛智堂戸田書店とあり、大売捌として辻岡屋、大川屋、山口屋、上田屋など十店が並び、「地方売捌所は全国各書林」とある。定価はどこにも記されておらず、典型的な赤本といっていいだろう。赤本は様々な意味づけがなされているが、ここではとりあえず拙書『書店の近代』(平凡社新書)から明治の赤本の定義を引いておく。

赤本の表紙は上質紙であるが、本文はザラ紙で活版、石版刷りの針金とじ、速記の買切原稿から仕立てた講談や児童向け絵本が主であり、定価の一掛けから二掛けの直接取引で、露店、荒物屋、駄菓子屋、縁日などで特価販売されていた。

奥付の説明が必要だろう。「大売捌」とは取次のことで、発行所の愛智堂戸田書店と「大売捌」の上田屋は住所が同じ日本橋区本石町であり、同一と見なすことができる。もう少し立ち入ると、すっきり分けられないかもしれないが、用紙や印刷や編集の手配などの製作や販売を担うのが愛智堂、戸田書店であり、上田屋が取次で、文字通り製作、販売、流通を一社が兼ねていて、『白浪五人男』が刊行されていることを示している。この上田屋は六大近代取次の同名の上田屋と異

『絵本通俗 漢楚軍談』編輯者 足立庚吉、発行所 聚栄堂　大川書店、明治25年12月

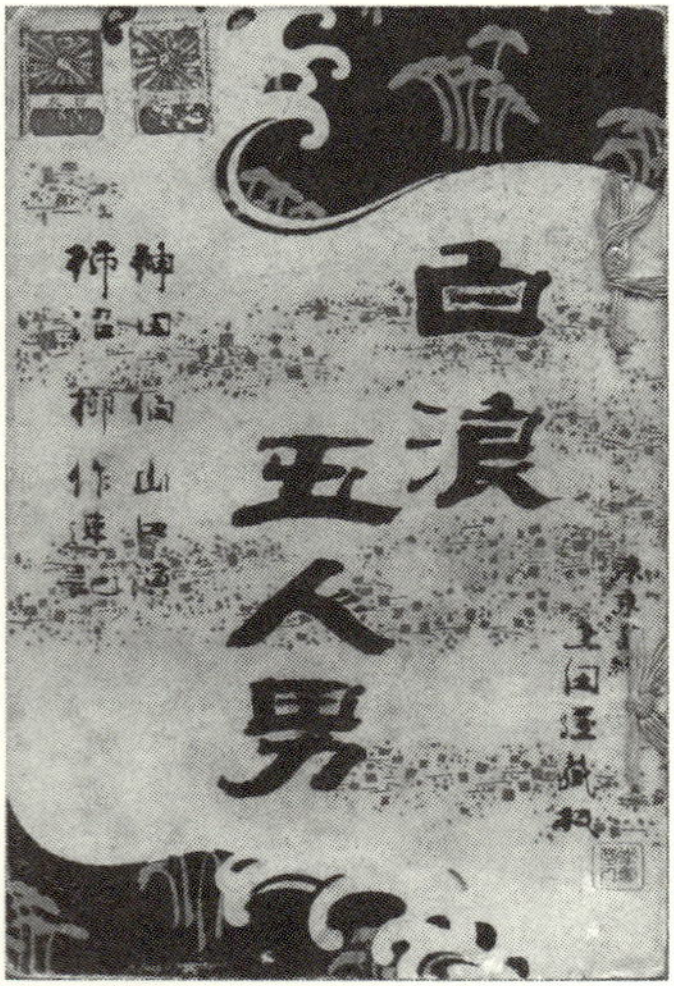

『白浪五人男』講演者 玉川金次郎、愛智堂戸田書店、明治31年10月

なり、ここに並んでいる辻岡屋、大川屋、山口屋と同様に近世の地本草紙問屋仲間の系列であると思われる。「地方売捌所は全国各書林」とは直接取引している地方の書店の存在を告げている。それゆえにこの奥付は確立されつつあった近代出版流通システムと異なっているが、共存するかたちで明治三十年代も作動していたのだ。

二冊目は『漢楚軍談』で、カラー表紙に東京大川屋蔵版とあり、『白浪五人男』とまったく同じ体裁で、厚さもほとんど変わらないが、ページ数は増え、六百ページ近い。奥付も異なり、「大売捌」の表示はなく、ただ発行者は大川錠吉、発行所は聚栄堂　大川屋書店と記され、明治二十五年の出版で、『白浪五人男』よりも六年ほど前の刊行になる。足立庚吉と編輯者の名前の記載があるが、どのような人物であるかはわからない。ここでも聚栄堂と大川屋書店が製作や販売を兼ね、大川屋が取次の機能を果たしていたと考えられる。他の売捌の案内がないのは大川屋が上田屋と異なり、知名度が高いためにその必要がなかったのではないだろうか。

そして何よりも特徴的なのは裏表紙の二ページに「大川屋出版目録」が付せられ、百二十冊ほどの講談、黒岩涙香の小説、三遊亭円朝の落語などの明細が挙がっていることである【資料8】。黒岩の小説について補足すれば、『黒岩涙香集』（『明治文学全集』47 筑摩書房）の「解題」で、木村毅は「古本屋をのぞいて涙香本を買いあさった。ボール表紙本や、講談本のようなザラ紙本や、いろいろあったが、三銭か、五銭で、店頭に埃にまみれてころがっていた」と証言している。もちろん大川屋本も含まれていたことだろうし、さらに彼は平林初之輔が涙香の大ファンで、温泉場や田舎町の貸本屋まで探しつくし、それで親しくなったとも書いている。

関根黙庵はその頃の講談界について、『講談落語今昔譚』（平凡社東洋文庫）で次のように述べている。

江戸趣味の横溢せる高潮の時代は何といっても明治の初めから二十年頃までが最も旺盛を極めたものであった。当時この社会の主なる人をざっと挙げれば先ず指を三代目の貞山《ていざん》に屈し、続いて桃川如燕《じょえん》、伊東燕尾《えんび》、田辺南龍、松林伯圓《しょうりんはくえん》、正流斎南窓《なんそう》、神田伯山《はくざん》、放牛舎桃林《ほうぎゅうしゃとうりん》、邑井貞吉《むらいていきち》、小金井芦洲《ろしゅう》、伊東花楽、柴田南玉《なんぎょく》、桃川燕林《えんりん》、旭堂南慶《あさひどおなんけい》、邑井吉瓶《きっぺい》など、群星一時に雲集し、宛然《さながら》八天下の観を呈した。

もはや誰も口にすることのない名前なので引用列挙してみたが、これらの人々の過半数が「大川屋出版目録」に顔を見せている。確かに当時は講談落語の時代であったのだ。

大川屋の大川錠吉は赤本業界の立志伝的人物であり、地本草紙問屋仲間の後身と見なせる全国出版物卸商業協同組合の『三十年の歩み』の中で、彼について「大川屋の活躍」と題して一ページが割かれている。大川錠吉は弘化二年埼玉生まれで、明治三年に深川で貸本屋を営み、十八年から出版と取次を始めている。

義務教育の普及するのをみて、教科書出版を志ざし、実際に出版も行ったが、たまたま講談の活字化を計ったのが図に当たり、続々と講談本の出版を行った。一世を風びした菊判講談本時代の実現である。初代錠吉氏は、この講談本の見本を信玄袋に入れて、遠く九州あたりまで売りに出かけたといわれる。（中略）

当時卸店はもちろん、露店商、高町商人、各地の小売書店では、大川屋の出版物を扱わないと商売にならないといわれたくらいで、大川屋でも信玄袋に見本を入れて、九州から北海道まで書店回りを行った。

そして大正になって立川文庫時代を迎えると、講談本などを大川文庫、八千代文庫、桜文庫として出版し、立川文庫に劣らず好評を博したという。これらは残念ながら入手しておらず、未見であるが、たまたま入手した昭和二年の大川屋の「秋季吉例大特価販売」目録に記された桜文庫は八十五点に及んでいる。公式の出版史には語られていないが、大川屋のような近世出版流通システムに基づく書店だけでない販売活動が、明治後半になって成立する読書社会の底辺を支えていたにちがいない。

もう一度小川菊松の『出版興亡五十年』を参照してみる。小川が最初に入ったのは書店と貸本屋取次を兼ねた大洋堂で、明治三十年頃のことだろう。

私が親しく思い出すのは、浅草蔵前にある大川屋書店大川錠吉氏のことである。明治時代古くからの純然たる赤本屋で、「岩見重太郎」、「幡随院長兵衛」などの講談本や、黒岩涙香の「玉手箱」などを何百種も発行していた。私が大洋堂に丁稚奉公に入つた二、三日目から、この大川屋に毎日箱車を挽いて、この講談本を仕入に行かせられたものであるから、私にとつては一層感慨が深い。この大川屋は全国の貸本屋や絵草子屋が華客で、地方からの注文も、一冊々々の書名を注文するのでなく、仇討物何種何冊とか、侠客もの何種何冊とかいう注文が多かつたから、取揃えて刷つておくにも楽だつたそうである。

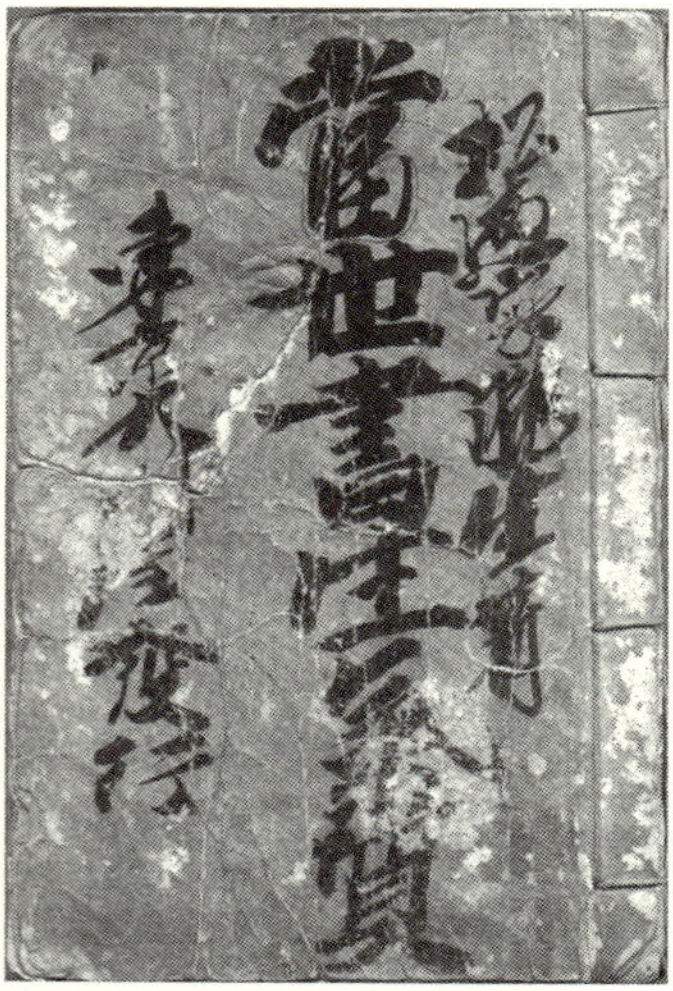

『当世書生気質』著述人 坪内雄蔵、発兌元 大川屋、明治19年3月合本御届、明治25年5月第9版

貴重な証言と回想であり、明治二十年代に整備され始めた近代取次が書店を主体にしていたのに比べ、大川屋が貸本屋や絵草子屋を中心とする取次であった事実を教えてくれる。だがその出版物は講談落語本ばかりではなかった。誕生したばかりの近代文学も紛れこんでいたのだ。

前述の二冊を購入した後で、古本屋の均一台でひどく汚れ、ボール紙で補修された本を見つけた。よく見ると表紙に墨の手書きで、『当世書生気質』とかろうじて読め、裏表紙に住所などが書かれ、その中にある「貸本」という文字が何とか判読できた。ボール紙をめくると、カラーの表紙が現われ、春廼やおぼろ先生著『当世書生気質』とあり、左隅に東京大川屋蔵版と記されていた。菊判で厚さはやはり二センチほどだった。奥付に明治十九年三月合本御届、同年八月別製本御届、二十年譲受御届、二十五年第九版、著述人坪内雄蔵、出版人大川錠吉と明記され、その裏に『当世書生気質』が明治十八年五月から十九年一月にかけての全十七冊の分冊形式で刊行されたことが書かれている。

書誌的なことの確認のために、日本近代文学館の復刻を参照すると、『当世書生気質』の第一号は明治十八年六月に晩青堂から出版されている。巻末に高田早苗講述『英国政典』などの掲載があるので、晩青堂は当時続々と創業された近代出版社のひとつだと思われる。『坪内逍遥集』(『明治文学全集』16、筑摩書房)の稲垣達郎の「解題」によれば、明治十九年四月に第八号までを前編、以下を後編とする合冊別装の二巻本を出しているとのことなので、奥付の「合本御届」はそれを意味しているのだろう。

ただ残念ながら、稲垣は「その後、晩青堂、共和堂、大川屋などからボール表紙本などに翻訳した異本が幾種か出ているけれども贅しない」と述べ、その事情について言及していない。だが明治二十年の「譲受御届」は晩青堂が紙型を手離し、共和堂か大川屋に出版権が移ったことを示している。つまりこの時代にあって、近代書店はほとんど整備されておらず、誕生したばかりの近代文学も大川屋を取次とする貸本屋や絵草紙屋といった近世出版流通システムによって読者と出会うしかなかったのである。それが紛れもない事実であったことをこの汚れてぼろぼろになった貸本が証明しているように思われる。

しかし近世出版流通システムによる講談本の全盛は明治後半であり、大正に入ると状況が変わっていたようだ。それは貸本屋の衰退と講談社や博文館の参入に起因し、生産と流通と販売が近代出版流通システムに取って代わられたことに起因しているのではないだろうか。

講談社は明治四十四年に『講談倶楽部』を創刊し、雑誌による読者の開拓に入った。そして博文館も大正四年に『講談雑誌』を創刊している。手元に『田宮坊太郎』という講談本があり、これも均一台で見つけたのだが、博文館が大正時代に刊行した「長篇講談」シリーズの一冊で、大正七年初版、十二年十七版となっていて、このシリーズは百二十五冊に及び、ベストセラーだったと考えられる。

さらに決定的だったのは講談社が昭和三年から刊行した円本の『講談全集』全十二巻であろう。ここはその場でないので、この全集に関する流通や販売の問題に触れずにおくが、三百万部以上を売ったと伝えられている。『講談倶楽部』と『講談全集』によって、文字通り講談社が講談本に関する勝利を収めたのであり、その赤本業界との構図は貸本屋市場が主体だった戦後の漫画への参入と酷似しているのだ。

しかしその『講談全集』の原本はどのようにして集められたのか。『講談社の歩んだ五十年』の中で、『講談全集』の編集に携わった中村博が語っている。

その講談本を見つけるために勝俣鉄太郎さんなんか、最初は東京中の古本屋、貸本屋を何ヵ月間か、それだけを専門に歩いて、おしまいには横浜、仙台まで足をのばしました。おかげで故人となった名人の速記本なんかもたくさん集まりました。もうその時分には貸本屋というものはなくなっていたし、講談本なんかは図書館にもどこにもない。集める苦労は大変なものでした。それでも買い集めて、集めるだけ集めたわけです。講談社の全集の優れているのは、原本がよかったことにもよります。

何のことはない。大川屋などの赤本屋が刊行した講談原本を集め、それをリライトしただけだと語っているようなものではないか。円本時代の過剰生産の内幕がここにあかされている。それと同時に出版史、書物史の新たな事実を示してもいる。それはすでに昭和の初期において、講談本などの収集が散逸のために困難になっているという実態である。おそらく現在ではそれらの収集はまったく不可能であろう。大川屋の全出版物は明らかにされていないと思われる。

もし早いうちに大川屋の出版物の収集と研究がなされていれば、出版史や読書史や文学史も異なる視点を導入できたかもしれないのだ。

16　博文館と近代出版流通システム

前章で大川屋と近世出版流通システムについて書いたこともあり、それとは異なる博文館と近代出版流通システムに触れないわけにはいかないだろう。いずれも坪谷善四郎の手になる『博文館五十年史』、『大橋佐平翁伝』（栗田出版会）、『大橋新太郎伝』（博文館新社）に加え、最近になって、博文館の明治二十年代の出版物を十冊近く入手したので、それらを手がかりにして、博文館のことを語ってみよう。

明治十九年博文館の創業者大橋佐平は越後長岡から上京し、翌二十年に収録雑誌『日本大家論集』を刊行して出版業を始め、そのことによって近代出版業界が幕を切って落とされた。出版物の生産、流通、販売において、大橋佐平と博文館の存在がなければ、新潮社や岩波書店や講談社などの出版社も出現していなかったかもしれないし、現在の出版社・取次・書店といった近代出版流通システムも異なっていた可能性もある。それほどまでに大橋佐平と博文館は強烈なインパクトを放っている。それは大橋佐平が後発の出版社の創業者に比べて、鋭く日本の近代化の全体像を把握し、いわば近代の殖産興業としての出版に挑んだと考えられるからだ。

大橋佐平は天保六年に越後長岡に生まれ、明治維新まで材木商を経て酒造業に転進していたが、明治維新を迎えて越後府御用掛を拝命し、民政所軍事方兼学事方となった。そして学制公布を受けて、明治四年に長岡小学校、続けて翌年長岡洋学校を設立し、郵便制度の始まりとともに長岡郵便局長につき、さらに郵便と絡む通運会社などにもかかわった。そして明治十年に長岡出版会社を興し、翻刻を試み、その一方で『北越雑誌』を発刊したりした。大橋佐平は近代出版やジャーナリズムの誕生に早くから呼応し、十二年からは新聞、雑誌、書籍の取次、販売を兼ねる大橋書房を始め、十四年には『北越新聞』や『越佐毎日新聞』を発刊、さらに『北越名士伝』なる一書も刊行し、宗教雑誌を計画したりしている。

『日本大家論集』第二巻第七号、明治23年7月10日発行、博文館

これらが大橋佐平の博文館に至るまでの前史であり、大橋佐平が明治近代の動向にアンテナを張り巡らせ、それに寄り添っていたことがわかる。出版についていえば、大橋佐平は出版物の編集や製作の部分だけでなく、流通や販売の知識と経験もあったことから、博文館を始めるにあたって、出版をめぐる全体的な見取図を描くことができていたのではないだろうか。したがって『日本大家論集』に

始まる明治後半の「博文館の時代」とは出版物ばかりでなく、それらの流通や販売を視野に入れて構築されたのであり、作者・出版社・取次・書店・読者という近代読者社会の形成も博文館に起源を持っているといってもいい。そしてその創業と同時期に誕生しつつあった近代文学の発展も博文館を抜きにしては語れないだろう。

さらに付け加えれば、博文館の創業メンバーは大橋書房や『越佐毎日新聞』の出身、もしくは関係者なのである。後に博文館に君臨することになる佐平の息子の大橋新太郎は長岡洋学校を経て、中村敬宇の同人社に学び、大橋書房で新聞、雑誌、書籍の広範な外商活動に携わっていた。上京当初、大橋佐平は宗教雑誌と婦人雑誌の創刊を構想し、長岡にいる新太郎の意見を求めると次のような返事があった。坪谷善四郎の『大橋佐平翁伝』より引用する。

「雑誌の発行は時勢に適すと思わるるも、専門の雑誌はただいま百を持って数えるほどある。しかして各雑誌の記事主張は何れも尊重すべきものなるも、余りに専門に偏して読者少なく、発行部数少なき為に、その価比較的に高く、為にいずれも広く一般に読ましむるには適せぬ。故に若し各雑誌の主要なる記事を一雑誌に集め、価を廉にして数多く発売することに努めれば、必ず世を益することが多かろう」

これは大橋書房で外商活動によって得られたものであり、当時の雑誌と読者の関係を冷静に見つめたうえでの意見だったと思われる。それゆえに『日本大家論集』の企画は大橋書房での現場の経験が反映されたのだ。『日本大家論集』を大橋佐平とともに立ち上げたのは『越佐毎日新聞』の記者の松井広吉であり、後に発行者となるのはその社員だった野口竹次郎、編集は宗教雑誌計画の際に招いた内山正如が担当した。そして博文館の編集局長となる坪谷善四郎も『越佐毎日新聞』の寄書家だった。彼らばかりではなく、博文館という出版コンツェルンの中には大橋一族を含めて膨大な越後長岡人脈が入りこんでいるはずであり、それがベースになって古本屋も含めた近代出版業界が形成されたことになる。

さて『日本大家論集』第一編は菊判八十ページ、十銭で、明治二十年六月に送り出された。その「緒言」にあるように、様々な雑誌から「本邦諸大家の名論卓説を収集し」たもので、「そのころは雑誌に版権が無かったから、いずれの雑誌から抄録するも自由なりしゆえ、かく多くの雑誌の中から、これらの論説記事を集めることができたのだ」（『大橋新太郎伝』）

この時代に出版流通システムはどうなっていたのだろうか。

博文館創業時代にはまず新聞の取次を主とする良明堂、文盛堂、信文堂、巌々堂、東海堂、指金堂、雑誌や書籍の専門取次としては盛春堂と上田屋の二店があるだけだった。それに出版社による卸売り、有力書店による同業書店への卸売りなどによって出版物は流通していた。出版社・取次・書店という近代出版流通システムが整備されていくのは博文館の成長と併行し、明治二十年代後半であり、その戦前までの明解なチャートが清水文吉の『本は流れる』（日本エディタース

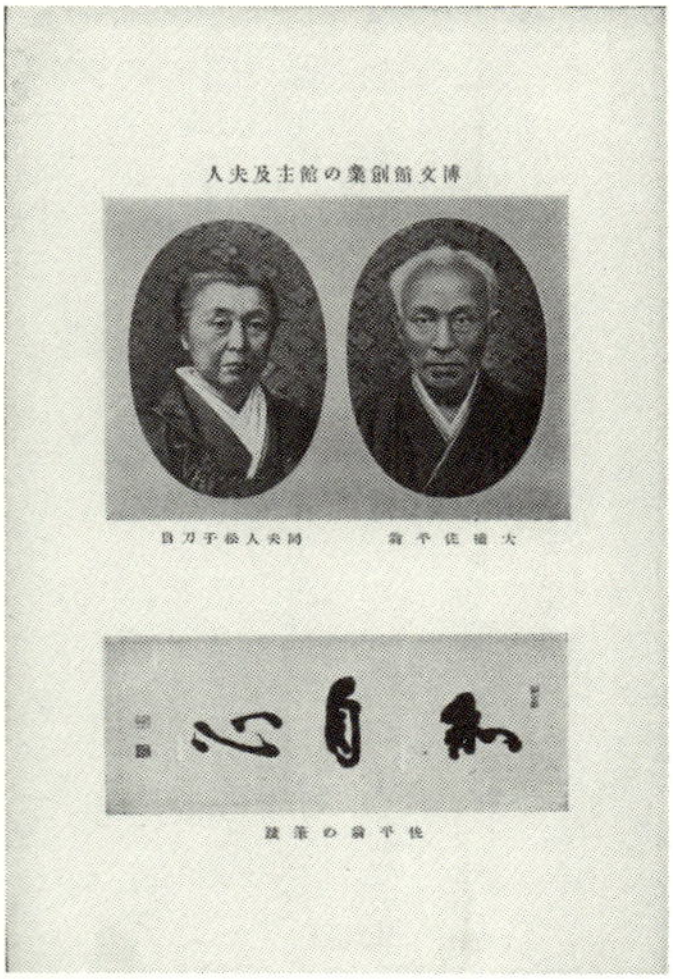

『博文館五十年史』〔非売品〕〔口絵〕坪谷善四郎、博文館、昭和12年6月

クール出版部）に掲載されているので、参考のために引用しておく【資料7】。

『日本大家論集』の売れ行きと取次状況について、『博文館五十年史』は記している。

> 第一編は、最初三千部印刷したのが忽ちに売り切れ、七月中に四版を発行し、尚ほ幾回も版を重ね、翌明治二十一年二月に尚ほ第一編を重版した。（中略）雑誌で八九ヶ月後に尚ほ版を重ねたに徴しても、如何に盛んに歓迎せられたかを証するに足る。（中略）また大売捌は其頃東京の東海堂、良明堂、巌々堂、信文堂、盛春堂等で取扱ふたが、忽ちにして全国に広まった。

このような既存の流通インフラに加え、博文館は積極的な定業戦略を採用し、地方書店との直接取引を拡げ、そのことによって取次も兼ねていた地方書店と共存共栄したように思われる。それらは教科書販売も含めた有力書店に成長することになる。すでにそれは明治二十年代後半からであったようで、『博文館五十年史』は「全国に売捌所を拡め、各雑誌の毎号に此等売捌所百数十店の名を掲げ、若し之を掲げざれば売捌所より抗議を申出るの盛況を見るに至つた」と書いている。それに当時は買切制であったために取引も複雑ではなかった。これは『大橋佐平翁伝』に紹介されているのだが、福沢諭吉にわずかな年月での博文館の成功の商策を問われ、大橋佐平は次のように答えている。

「ただ薄利多売ということを主義とし、且つ常に売捌機関を尊重し、例えば地方売捌店から百円の金を送って来れば、直ちに百四五十円の品を送っておる。故に地方へは一たびも集金者を出さねど、送料は極めて正確である。これが私の営業方針である」

これは出版業界の様々な例から鑑みたり、悪文館とも揶揄された博文館の性格から考えて、集金と送金に関して、とても額面通りに受け取ることはできないが、ただ直接取引の場合、書店の粗利が四、五割あったことを示し、そうした利益率の高さによって短期間に博文館の販売網が全国的に構築されたことをうかがわせている。このように創業年から博文館は出版と流通販売を車の両輪の如く作動させていたのである。

その独自の流通販売のネットワークの構築は全国の府県庁所在地、繁華な地にある大書店をまず特約店とし、大阪や京都では後に一手販売の特約店から取次を誕生させ、そこに博文館の雑誌を卸し、特約店や地方取次から中小書店へと流通させていった。それは雑誌から始まり、書籍にも及んだ。『大橋新太郎伝』は記している。

雑誌『日本大家論集』の発行をもって業を創《はじ》めた博文館は、続いて『日本之教学』『日本之女学』『日本之商人』『日本之殖産』『日本之兵事』『日本之文華』『日本之警察』等、日本之の三文字を冠した雑誌が、明治二十一年の暮れまでに、しきりに創刊され、これによって既にこれら雑誌の大小売りさばき機関に備わりしゆえ、そのころから図書出版にも着手した。

その図書出版のうちで、明治二十二年に刊行の「万国歴史全書」の七冊を古本屋で見つけた。これも博文館特有の雑誌的な十二冊の継続出版であり、松井広吉や坪谷善四郎などの社員や北村三郎などの元社員の著で、いずれも好評のために数版を重ねたという。しかし坪谷善四郎の『大橋新太郎伝』は昭和六十年の刊行だが、「稿本」として遺されていたもので、決定稿に至っていないためか、博文館の出版企画についての版権侵害事件にも筆が及び、「万国歴史全書」も俎上に載っている。

その最初に起こったのは、明治二十二年に出版の《万国歴史全書》第一編、松井広吉著『日本帝国史』と、同第二編川崎《ママ》三郎著『支那帝国史』にて、いずれも好評にて盛んに行なわるると、やがて『日本帝国史』に対して、小林新兵衛出版、嵯峨正作著『日本史綱』の版権侵害と訴えられ、我が方にてはこの場合なるたけ無抵抗主義を守り、示談にて落着すると、続いて『支那帝国史』は宮川保出版、那珂通世著『支那通史』の版権も侵したりと訴えられ、これもまた示談にて落着した。

これ以上この問題に立ち入らないが、『日本大家論集』が版権がないとはいえ、無断引用で成立したと同様に、他の出版物も種本があり、剽窃によっていたことをはからずもこの部分は証明しているように思われる。それゆえに矢継ぎ早の出版が可能であったのだろう。

万国歴史全書 第二編『支那帝国史 上』北村三郎、博文館、明治22年10月

万国歴史全書 第九編『魯国史全』北村三郎、博文館、明治23年6月

それはさておき、「万国歴史全書」の第九編、北村三郎著『魯国全史』の奥付裏に東京ではない地方の三十四の「大売捌所」が掲載

されている。それを引いておこう【資料9】。いずれも明治二十年代を通じて発展していく取次を兼ねた地方書店であり、前述した東京の取次は東京や特定の地方中心で、雑誌、書籍の全国向け取次はまだ存在していなかった。

そして明治二十四年に博文館は大橋新太郎の弟省吾が経営する東京堂をこの全国向け取次としてスタートさせる。そのことによって東京を中心とする現在の出版社・取次・書店という近代出版流通システムが誕生するのである。したがって明治後半の出版業界における「博文館の時代」とはそうした近代出版流通システムを自らの手で短期間に構築したゆえに出現したことになる。

17　小林勇と鐵塔書院

日本の近代出版史は謎に充ちている。明治二十年代に成立した出版社・取次・書店という近代出版流通システムの成長とともに、無数の出版社が誕生した。しかしそのほとんどが出版刊行目録すらも残すことなく消滅している。したがって現存する大手出版社から見た出版の正史を描くことはできるのだが、これらの消滅してしまった小出版社群に焦点を当てたもうひとつの出版史をたどることは困難である。

五、六年ほど前、ある講演の資料作りのために、明治から昭和戦前までの近代文学史年表を眺めていて、そこに掲載されている作品を刊行した出版社のほとんどが消滅していることにあらためて気づいた。つまり日本の近代文学史とは敗者としての出版社によって築かれたと言えるのではないだろうか。

現在まで存続している出版社は十指に充たず、日本の近代文学史に残る作品の多くが消滅してしまった出版社によって刊行されているのである。そこには講談社や小学館の名前はなく、この事実は両社とも戦後になって『日本現代文学全集』や『昭和文学全集』を刊行しているにもかかわらず、戦前においては近代文学史に重要な作品の出版に関し、何の寄与もしていないことが歴然としている。

消滅してしまった出版社と現在まで存続している出版社を区別するものは何なのだろうか。文芸書や専門書出版社と一般書出版社、書籍出版社と雑誌出版社などの相違もあるが、それはいずれも前者が読者を対象とする質の出版を志向し、後者は読者層を中心とする量の出版を目的としていることに求められるように思われる。そして明治半ば以後の出版社・取次・書店という近代出版流通システムはあくまで雑誌を主体とする出版社をベースにして立ち上がったものであり、前者は後者に敗北することを宿命づけられていたと考えることもできる。そのために近代文学史に残る作品を刊行した出版社もそのシステムの中で敗北し、消え去るしかなかったのである。それは文芸書出版社ばかりでなく、後に名著と呼ばれる高度な出版物を刊行した専門書出版社も同様であったと推測される。

そうした無数の出版社に関しては出版物の明細だけでなく、経営者、編集者、流通販売システム、創業と倒産、廃業の経緯も、わずかばかりの出版社を除いて、現在でも不明のままである。このことが日本の近代出版史を謎のままにしている原因のように思える。

特に大正時代から昭和前期にかけて、こうした出版社が数多く創業されたし、それに大正時代こそは出版社の創業が最も盛んな時期だったのである。ちなみに大正時代に創業された、現在まで存続している主な出版社名を挙げてみよう。

岩波書店、平凡社、白水社、主婦之友社、白揚社、春秋社、大修館書店、金の星社、日本評論社、小学館、人文書院、文芸春秋社、求龍堂、創元社、集英社等々

このほかにも戦後に消滅してしまったが、戦前の大手出版社であった改造社と第一書房も含まれている。こうしてリストアップしてみると、短かった大正時代に現在の出版社の原型が形成されていたことになる。存続しているこれらの出版社以外にも、大正から昭和にかけて多くの出版社が創業されたのであり、それは主として文学者たち、既存の出版社から独立した編集者たちによって立ち上げられたのである。

その中のひとりが最初にリストアップした岩波書店の小林勇であり、出版社は鐵塔書院だった。鐵塔書院の本は昭和五年刊行の長谷川如是閑『歴史を捻じる』しか入手していないが、この機会に言及してみる。

小林勇は岳父岩波茂雄の没後、戦後の岩波書店の支配人としてその再建に手腕を発揮し、社長の座につかず、専務、会長を歴任し、昭和五十六年に亡くなっている。彼はエッセイストとしても知られ、幸田露伴の追悼記『蝸牛庵訪問記』、岩波茂雄伝『惜櫟荘主人』（いずれも岩波書店）などの著名な回想録もあり、それらは筑摩書房の『小林勇文集』全十一巻にまとめられている。このように小林勇は出版人として他に例を見ないほどの多くの本を書いているにもかかわらず、

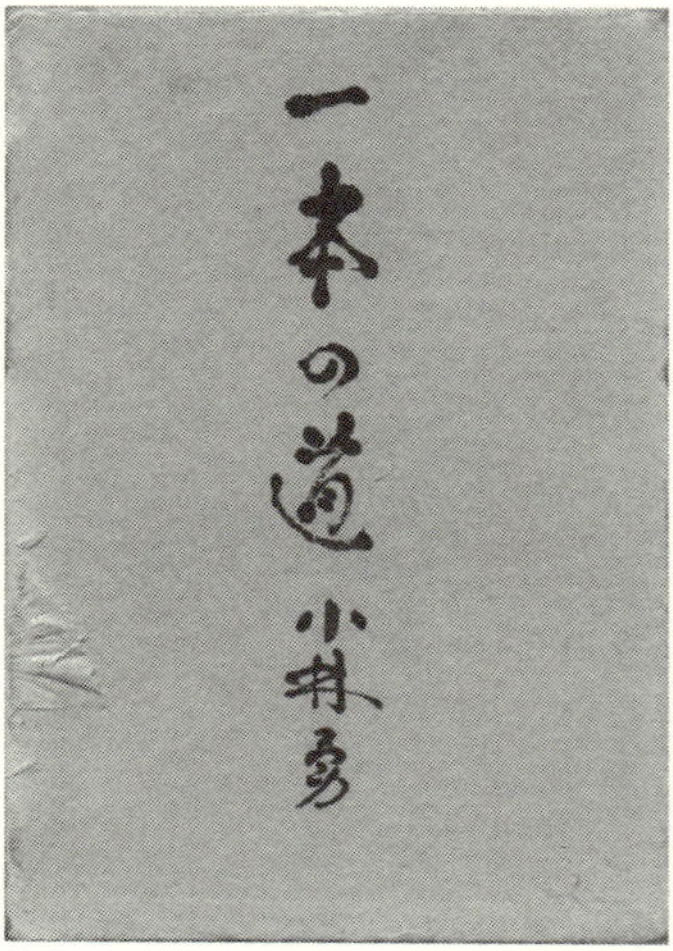

『一本の道』小林勇、岩波書店、昭和50年6月

『歴史を捻ぢる』長谷川萬次郎、鐵塔書院、昭和5年6月

鐵塔書院に関しては「鐵塔書院のころ」（『一本の道』岩波書店）という断片的としか思えない文章を残しているだけだ。その出版活動は六年間であり、その間に百六十冊を刊行しているのだが、そのために全貌が明らかになっていない。ちょうど同時代に創業した岡書院の岡茂雄の『本屋風情』（中公文庫）や小山久二郎の『ひとつの時代――小山書店私史』（六興出版）のような鐵塔書院史を書くことを断念していたと考えるしかない。

そこにはどのような事情が秘められていたのか。それを探る前に大正から昭和にかけての小林勇の個人史と岩波書店の関係をトレースしておこう。

小林は明治三十六年に岩波茂雄と同郷の長野県に生まれ、商業学校を卒業した後、大正九年に上京し、岩波書店に入社した。数え年で十八歳だった。当時の岩波書店は創業八年目で、夏目漱石の『こころ』を処女出版として、三、四十点の本を出していた頃だった。店番を振り出しにして卸部に移り、大正十四年に出版部に入り、この才気煥発な青年は岩波茂雄の半分の年齢であるのだが、その側近として岩波書店の中心人物になっていく。そして出版部に入ったことで、幸田露伴を始めとする多くの文学者、学者たちの知遇を得て、「じじい殺し」とまで言われたその天性的な交際の妙技で、岩波書店の実質的な編集長の地位を占めるに至った。

こうした小林勇の軌跡と並行して、岩波書店は出版業界において成長の一途をたどっていた。大正四年から「哲学叢書」を刊行し始め、大正六年に倉田百三の『出家とその弟子』、大正七年に阿部次郎の『三太郎の日記』を出版し、当時のベストセラーであった。しかし何よりも岩波書店の経済的土台を固めたのは数次に及ぶ『漱石全集』の刊行だったと考えられる。これらはいずれも予約出版であり、『岩波書店七十年史』などによれば、その予約部数は次のようなものだった。

大正六年　全十二巻——四千部
大正八年　全十四巻——六千五百部
大正十四年　全十四巻——一万部
昭和三年　全二十巻——十万部

当時としては驚くべき部数であるといっていい。そして大正十三年に岩波茂雄は東京市の多額納税者のひとりとなるのである。だがこの『漱石全集』の成功、昭和二年の岩波文庫の創刊にまつわる岩波茂雄と小林勇の専横を原因として、昭和三年に岩波労働争議が起き、店員たちは労働条件の改善と小林勇の即時解職を要求した。この事件に関して、小林勇は自らのことは語らず、「岩波書店が創業以来十七年、近代的な企業を営む出版社になるべきを怠っていた結果であると考えるのが正しいであろう」（『惜櫟荘主人』）とだけ書いている。

そしてこの事件をきっかけとして、小林勇は鐵塔書院を起こすことになるのである。その事情について、岩波書店に対するあきたらなさ、白樺派的関心から社会主義への目覚めが語られているが、彼は第二の岩波書店の創業を夢見ていたのではないだろうか。同郷の岩波茂雄の出版者としての成功を間近に目撃してきていた。岩波茂雄が東京帝大の同級生たちのブレインを抱えていたように、自分にも大家たちが応援してくれるであろう。それにおあつらえむきのパートナーとして三木清がいる。岩波書店のできなかった出版をやることができる。地方出身者で、正規の学歴を持たない優秀な青年が考えた出版という立身出世の物語。同時代の出版業界には小林勇のような青年が数多くいたはずだ。

おそらくこのような意図のもとに小林勇の鐵塔書院も始まったにちがいない。資金は岩波書店の退職金二千円と三木清の満州での講演料千五百円があてられた。社名は幸田露伴によって鐵塔書院と命名された。そして神田一ツ橋に事務所をかまえ、寺田寅彦、斉藤茂吉、小泉信三、羽仁五郎たちを訪れ、彼らの出版の約束を得ることになる。彼らの著作は『歴史を捻じる』の巻末に掲載されている。

その鐵塔書院のスタートと並行して、小林勇は『新興科学の旗の下に』という雑誌を刊行するために新興科学社も興し、岩波書店を退職した昭和三年から四年にかけて、二社の出版経営者となった。付け加えれば、退職金は事務所開設に費やされ、新興科学社の財政は三木清と羽仁五郎が担っていたので、鐵塔書院の資金は三木清が提供した千五百円であったと考えられる。

そして昭和四年に鐵塔書院は寺田寅彦の『万華鏡』、三木清の『社会科学の予備概念』の二冊を最初に出版した。小林勇の岩波書店退職から鐵塔書院創業までの経緯はここまでたどることができるが、その後の鐵塔書院のプロセスに関してはよくわからない。昭和四年から九年にかけて、鐵塔書院は百六十点の書物を出版し、『鐵塔』という雑誌も刊行していたようだが、小林勇は所々でその何冊かに触れているだけで、経済状態についても「鐵塔書院の経営はくるしかった。しかし生産関係、販売関係がみな好意をもってくれていたので、行きづまるということはなかった」(「鐵塔書院のころ」)と言葉を濁し、明確に語っていない。

それに比べて、鐵塔書院を止め、岩波書店に戻った経過については鐵塔書院のことと異なり、その事情を詳細に打ち明けている。例えば、『蝸牛庵訪問記』によれば、鐵塔書院と岩波書店は共通の著者が多く、小林の妻は岩波の娘であるから、親子で別々に同じ商売をしているのは具合が悪いと関係者に度々言われ、幸田露伴、小泉信三、寺田寅彦の勧めで、鐵塔書院を閉じて、岩波書店に帰ることになったとされている。

だがこの言葉を他の小林勇のエッセイ同様鵜呑みにすることはできない。小林勇は鐵塔書院を興して独立したが、昭和初期の出版不況、売上不振、資金不足、岩波書店を離れての出版活動の困難さに直面したにちがいなく、その苦境を救済するために、前記の三人が岩波茂雄とはからって、小林勇を岩波書店へと復帰させたというのが真相ではないだろうか。おそらく昭和九年に小林勇の第二の岩波書店の夢は破れ去っていたのである。ちょうど同時代の多くの出版者たちと同様に。

実際に当時の特価本リストに鐵塔書院の出版物が並んでいるし、そのことに関する証言をいくつか拾ってみよう。安部能成は小林勇と鐵塔書院に関して、『岩波茂雄伝』（岩波書店）の中で、「先づは自分を頼む勝気に駆られた若気の至り」であり、「岩波の子飼から一旦離れた苦い経験」とまで書いている。小林勇に続いて岩波書店を退職し、小山書店を始めた小山久二郎も「小林の鐵塔書院は、さっそうとした姿であったけれど、経営的には非常に困難に遭遇しているとみてとれる様子であった」（『ひとつの時代』）と記している。また梅田俊英は『社会運動と出版文化』（御茶の水書房）で、鐵塔書院を左翼系商業出版社として位置づけ、「鐵塔書院は岩波書店を退職した小林勇によって開かれ、『新興科学の旗の下に』などを刊行した。またプロレタリア科学研究所関係のものも刊行した。しかし（中略）経営は厳しかった」と分析している。

これらが鐵塔書院にまつわる事実であったのではないだろうか。小林勇は鐵塔書院という出版社の経営に敗北したのだ。それゆえに膨大な文章を残したにもかかわらず、まとまった鐵塔書院史を書くこともなく、その出版資料も編むことがなかったと思われるのである。これは小林勇の鐵塔書院ばかりでなく、消滅してしまった小出版社に共通するものであると断言してもいいかもしれない。

小林勇のエッセイの底に流れているのは、『人はさびしき』（文芸春秋）といったタイトルに象徴されているように、著名なそれぞれの人々のさみしさへの関心と注視である。それはどこからやってきたのか。思いがけない同僚たちからの名指し解雇ストライキと裏切られた思い、鐵塔書院の経営の失敗と挫折、やむなく岩波書店に戻った複雑な感情、そこからさみしさが形成されたのではないだろうか。戦後の岩波書店の再建にあたって、それらの経験が生かされたことは疑い得ないが、さみしさは一生消えることがなかったのであろう。その小林勇のさみしさとは出版という行為の底に潜んでいる孤独さを体現しているように思われる。

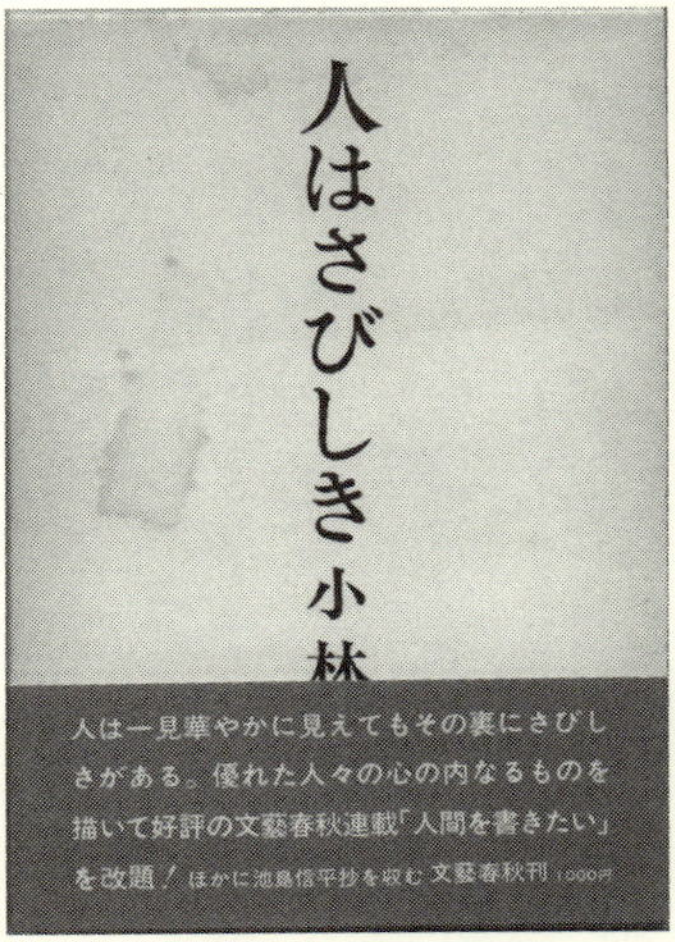

『人はさびしき』小林勇、文藝春秋、昭和48年6月

18　春秋社と金子ふみ子の『何が私をかうさせたか』

私が金子ふみ子の『何が私をかうさせたか』を読んだのは十九歳の時で、昭和四十三年に学芸書林から刊行された「ドキュメント日本人」３の『反逆者』所収の抄録だった。

関東大震災後に大逆の疑いをかけられ、刑務所で縊死した彼女の貧しさと苦しみに充ちた短い生涯に圧倒される思いがした。それに加えてその文章は当時の私とそれほど変わらない年齢の女性によって白鳥の歌のようにつづられていたからだ。細部の記憶は年月とともに薄れていったが、ある場面がかなり後まで忘れられなかった。それはほおずきに言及される場面だった。

ふみ子の父に捨てられた母は生きるために男にたよらざるを得ず、ふみ子を連れて男との同棲生活を繰り返す。しかし貧しさと不幸は深まるばかりだった。ある日ふみ子が外で遊んでいると、具合が悪く、生気のない顔で寝たり起きたりしていた母が大儀そうな足取りでやってきて、ふみ子と一緒に遊んでいた子供たちにほおずきの木がどこかにないかと聞いた。子供たちが橋の下にはえていたほおずきの木を引き抜いて持ってくると、母はその根を折り、たもとに入れて帰っていった。金子ふみ子は書いている。

その夜私は、そのほおずきの黄色い根だけが新聞紙にくるまれて、部屋の棚の豆ランプのわきに載せてあるのを見た。

今から察すると、母は妊娠していたのだ。ほおずきの根で堕胎しようとしたのだ。

現在ではほとんど見かけなくなってしまったが、当時ほおずきはどこにでもはえていて、その赤い実と袋は見慣れたものであり、そのほおずきが堕胎の民間療法に用いられていることをここで初めて知らされたのである。そういえば、子供の頃のほおずき遊びとは赤い実を破ることなく、中身の種子をうまく取り出し、空にして口の中に含んで鳴らすことだった。だからそれが堕胎の行為をなぞっているのではないかと思われた。

そしてその後も数年の間、夏になってほおずきを見ると、かならずこの『何が私をかうさせたか』のエピソードを思い出した。今回あらためて「増補決定版」として復刻された黒色戦線社版を読み、ほおずきが「鬼灯」であり、ふみ子の母が子供を生み、春子と名づけられたが、幼い時に生き別れになってしまったことを知った。

この『反逆者』は近代日本の十二人の反逆者たちの自伝や手記が半ばを占め、金子ふみ子に続いて、虐殺された大杉栄の復讐のためにテロルに至り、刑死した古田大次郎の『死の懺悔』も収録されていた。そして古本屋歩きをしているうちに、これらの二冊の版元が春秋社であり、同時

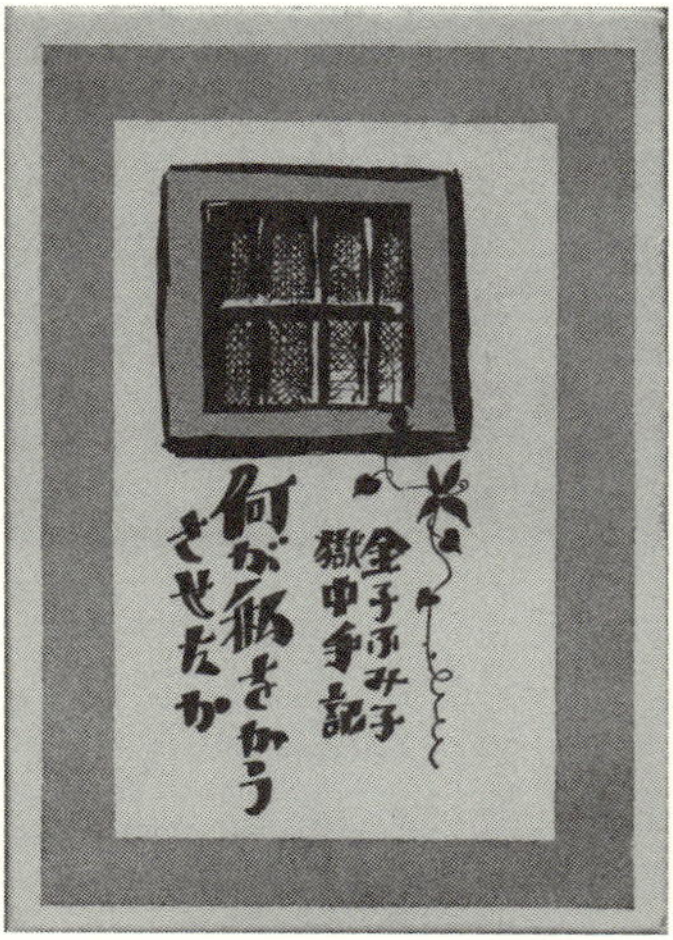

『金子ふみ子獄中手記 何が私をかうさせたか』増補決定版、編集発行者 大島英三郎、発行所 黒色戦線社、発売元 ウニタ書舗、1975年

『ドキュメント日本人3 反逆者』著者代表 村上一郎、学藝書林、昭和43年12月

期にアナキズム文献を多く含む『世界大思想全集』を刊行していることがわかってきた。それにしてもあの時代、後半の巻は少なかったにしても古本屋に『世界大思想全集』があふれるようにあった。古本屋歩きをともにしていた友人の推測によれば、昭和四十一年から刊行を開始した中央公論社の『世界の名著』と入れ替わりになり、古書市場に一斉に放出されたのではないかということだった。

　この全百五十巻に及ぶと思われる『世界大思想全集』は長年古本屋を歩いてきたにもかかわらず、全冊揃いを見たことがなく、春秋社が社史も全出版目録も刊行していないために、その明細も不明のままである。だが『世界大思想全集』にしか翻訳収録されていない著作も多く、例えば近代日本社会の成立に多くの影響を与え、国民文庫刊行会の鶴田久作もその訳者のひとりである、ハーバード・スペンサーの『第一原理』（沢田謙訳）も現在に至るまでここでしか翻訳されていないのではないだろうか。それゆえにこの『世界大思想全集』はもっと注視されてしかるべきだと考えられる。

さらにもうひとつ、当時の古本事情を付け加えれば、学芸書林は「ドキュメント日本人」の他に「全集・現代文学の発見」と「全集・現代世界文学の発見」を刊行していたが、これらもかなり安い値段でどこの古本屋でも売られていた。斬新な企画ゆえに販売状況は芳しくなく、古書市場に流通したからなのだろうか。

だがその時代には出版事情や流通をまったく知らなかったので、それ以上のことはわからなかった。ようやく今になって、それらのことを少し語れるようになったのである。まず春秋社について木村毅の『私の文学回顧録』（青蛙房）や塩浦林也の『鷲尾雨工の生涯』（恒文社）を始めとするいくつかの証言によってトレースしてみよう。それらを踏まえて、『何が私をかうさせたか』や『死の懺悔』あるいは『世界大思想全集』に至るのであるから。

春秋社の成立には大正時代の早稲田大学の人脈といくつもの出版社が複雑に絡んでいる。春秋社は大正四年に英文科を卒業した後に、作家となる直木三十五（当時は植林宗一）や鷲尾雨工（当時は浩）と同級の古館清太郎が喜多流の謡曲の本を出していたわんやに入り、神田豊穂が編集する『謡曲界』の助手になったことから始まったのである。二人で文学論を交わしているうちに経営を神田、編集を古舘として出版社を興す相談がまとまり、五千円(二千円という説もある)の資金を集めた。しかし出版企画が決まらない。

そこで古舘は同級の直木と同郷の先輩で明治学院出の加藤一夫の参加を求めた。直木はたちどころに『トルストイ全集』を企画し、その編集のために木村毅が入社し、柳田泉と浜田広介が助手になり、監修者として内田魯庵、片上伸、昇曙夢が招聘され、翻訳陣として米川正夫、中村白葉たちが動員された。古舘、加藤、木村、柳田もその陣に加わった。

塩浦林也の『鷲尾雨工の生涯』に『東京日日新聞』にうたれた『トルストイ全集』の広告が掲載されているが、予約出版で非売品、神田、古舘、加藤、植村の四名からなる杜翁全集刊行会の出版で、申込所が春秋社となっている【資料10】。かくして大正七年に予約出版広告された『トルストイ全集』全十二巻は大成功で、三千部を超える予約者を集めた。広告にあるように上製三円、並製二円の予約金をとったために出版する前に相当な金が春秋社に入った。

そしてさらに数次に及ぶ刊行を重ね、春秋社は『トルストイ全集』でその基盤を固めたことになる。昭和円本時代以前には岩波書店の『漱石全集』がそうだったように、予約出版方式の個人全集は堅実な企画であった事実を物語っている。何次募集であるのか不明であるが、端本で買った大正十四年版の第五巻(『戦争と平和』下)だけを見ても、上製箱入りの千ページを超える堅牢な大冊で、重訳が多いという欠点があるにしても、好評を博したのがわかる気がする。

だが『トルストイ全集』の成功によって、木村毅が『私の文学回顧録』で言うように「持ちつけぬ物を持った」ために社内抗争が始まり、古舘清太郎に続いて加藤一夫が離れ、直木三十五の複雑な画策が始まる。彼は春秋社を乗っ取るために鷲尾雨工を引っ張り、五万円を用意させて春秋社内に冬夏社を設立させ、大正八年『ユーゴー全集』を刊行した。鷲尾と冬夏社についてはハヴロック・エリスのところで触れたが、直木は周辺人物を巻きこんで、さらに人間社、三上於菟吉との元泉社と出版社遍歴が続いていく。

このような事情もあり、神田豊穂は直木三十五とも袂を分かつことになり、そのために春秋社は神田が経営、木村毅が編集企画を分担し、大正十年に西田天香の『懺悔の生活』と中里介山の『大菩薩峠』というベストセラーに結びつく。しかし十二年の関東大震災後、木村は神田との性格の不一致もあり、退社するが、円本時代を迎えての『世界大思想全集』の企画には後任の柳田泉との関係から協力している。木村毅は様々なところで、自分が『世界大思想全集』も含め、改造社の『現代日本文学全集』などの円本の立案者で、古今東西の名著を五十巻にまとめた『ハーバート・クラシックス』にヒントを得たと語っているが、『日本近代文芸と早稲田大学』（早稲田大学）の稲垣達郎が

トルストイ全集第五巻『戦争と平和（下）』著作者 神田豊穂、春秋社内トルストイ全集刊行会、大正14年3月

記している木村毅の項によれば、隆文館にいたとの記述があり、草村北星の大日本文明協会や隆文館の予約出版や春秋社での『トルストイ全集』の成功を目の当たりにしたことが大きく作用しているように思われる。

さらに『世界大思想全集』の訳者には加藤一夫や古舘清太郎の名前も見られる。そのあたりの事情について、木村は「二人とも去って行ったが、一、二年うちに彼らは生活に困って、神田に哀を乞うて来た」と記している。おそらく大正十五年の古田大次郎の『死の懺悔』から、昭和六年の金子ふみ子の『何が私をかうさせたか』に至る出版事情はこうした事情が絡んでいると考えられる。さらに推測すれば、加藤一夫が春秋社周辺に戻ったことで、『世界大思想全集』を間にはさみ、これらの二冊を送り出したのではないだろうか。加藤は牧師から始まり、トルストイアンであったが、大正九年にアナキズムに基づく自由人連盟を結成し、アナキストへと転進していたからだ。

古田大次郎の直筆の遺書の写真が『反逆者』収録の『死の懺悔』の中に挿入され、加藤一夫を含む四名宛になっている。遺書には「手紙でお頼みした本の出版是非おき、とどけ下さるやう」にとある。この遺書を受けて春秋社での出版が進められたのではないだろうか。江口渙の「古田君を憶ふ」、布施辰治の「序文」に続いて、加藤一夫が「序」を書いている。それは彼が編集者であったことを示唆している。さらに『死の懺悔』というタイトルは春秋社のベストセラー『懺悔の生活』からとられたように思われる。

昭和六年に出版された金子ふみ子の『何が私をかうさせたか』も、昭和二年の藤森成吉の『何が彼女をかうさせたか』という当時流行語になったタイトルを借用しており、両書とも春秋社の営業販売戦略をうかがわせている。しかし短かった金子ふみ子の生涯をたどれば、朴烈と一緒に保護検束の名目で捕らえられたのは関東大震災後の大正十二年九月であり、十月に治安警察法違反で市ヶ谷刑務所に起訴収容、十三年に爆発物取締罰則違反で追訴、十四年に大逆罪容疑で起訴、十五年三月に大審院法廷で死刑宣告、後に無期懲役に減刑、その七月に栃木県女囚支所房内で縊死をとげている。したがって金子ふみ子の手記は市ヶ谷刑務所での四年間につづられたもので、それが没後五年を過ぎて出版されたのはどのような事情が絡んでいたのであろうか。

それはずっと不明のままであったが、昭和四十七年に刊行された瀬戸内晴美の『余白の春』（中央公論社）によって、立松懐清の「序文、」栗原一男の「忘れ得ぬ面影」という前書き、栗原に宛てた金子ふみ子の「添削されるに就いての私の希望」と本文との関係が明らかになった。『余白の春』は金子ふみ子を主人公にしたモデル小説というよりも、ノンフィクション的要素が強く、そのことで様々な事実をリアルに報告する作品となっている。そして瀬戸内晴美は栗原一男への取材を通じて、『何が私をかうさせたか』の成立と編集の経緯を初めて知らしめたのである。

栗原一男は明治三十六年埼玉県生まれで、金子ふみ子よりも一歳年長だった。赤坂中学を中退し、中央郵便局等で働いたが、失職し、人夫仕事のその日暮らしをしていた時、大正十二年に

『現社会』で朴烈の名前を目にし、布施辰治の「鮮人不法監禁糾弾演説会」で朴烈と知り合いになり、不逞社に加入し、朴烈や金子ふみ子と共同生活するに至る。その十月に治安警察法違反で逮捕され、大正十三年に釈放となり、以後朴烈と金子ふみ子の連絡係を務めるのである。それと同時に朴烈からは裁判の立会人、傍聴人を頼まれ、金子ふみ子からは手記を託されることになる。つまり栗原一男こそが一連の朴烈事件の最も身近な証人であったのだ。

栗原一男によれば、「序文」を書いた立松懐清予審判事の勧めで、金子ふみ子は手記を書き出したのであり、当初は調書と並んで裁判の参考資料にすることを目的としていた。それゆえに手記は長らく立松の手元にとどめられ、出版がずれこむ原因となった。さらに朴烈と金子ふみ子の有名な写真も栗原が同席の場で立松が撮り、流出したもので、立松と朴烈の合作だと述べている。手記に戻ると、ふみ子は獄中で書くことに没頭し、早い速度で原稿を書き続けていたので、それは七百枚に及ぶ自伝となり、時期は定かではないが、栗原に宛てた「添削されるに就いての私の希望」は脱稿とともに記されたのであろう。

それからの事情について、栗原一男は『余白の春』の中で次のように語っている。

「あの手記は、実のところ、私の手に渡ったのはずいぶん後で、立松にやいやいいって、やっととりかえした。ところが、その時の原稿は方々に鋏をいれて、切とってあって、一枚の原稿用紙が、まるで簾のようなんだな。それは他人じゃ、とても読めない。まあ、私は日頃、文子からいろいろな話を聞かされているので、切りとったところがどういうものか判じることが出来る。そこで、私と加藤一夫が加筆添削して、あの本の形にした。題も文子がつけたものではなく、われわれが相談してつけたものだ。

ようやくここで、金子ふみ子の死から五年後の『何が私をかうさせたか』の刊行事情、及び加藤一夫が編集者であったという事実が明らかになった。なおこの手記は昭和五十九年に筑摩叢書に入り、復刻されてもいる。

春秋社は見てきたように興味深い出版企画とエピソードを含んで出版活動を存続させてきた版元であるのだが、前述したように社史やまとまった出版資料も残されておらず、その全貌はつかめていない。これはよく知られていないことだが、春秋社は楽譜の版元でもあり、それは円本時代の『世界音楽全集』に起因していると思われるし、また夢野久作の『ドグラ・マグラ』などの「探偵小説」を刊行した松柏館書店、ハヴロック・エリスの『全訳・性の心理』を出した日月社は春秋社の兄弟会社と考えられるが、その詳細や経緯はわかっていない。このように存続している出版社でさえも謎だらけなのだ。

19　春陽堂と『クロポトキン全集』

昭和円本時代に春陽堂は周知のように『明治大正文学全集』を刊行しているが、そのかたわらで『クロポトキン全集』や『フロイド精神分析学全集』や『世界大都会尖端ジャズ文学』といった春陽堂のカラーといささか異なると思われる翻訳物の全集やシリーズも出版している。これらの出版事情について、社史と見なしていい『春陽堂物語』は何も語っていないが、それらの明細は平成十一年に出された『春陽堂書店発行図書目録（1879年〜1988年）』で確認することができる。

とりわけ『クロポトキン全集』全十二巻は世界で最初の全集とされ、その出版企画の成立や編集、翻訳に関して、明らかにされていなかった。訳者陣の大杉栄、石川三四郎、岩佐作太郎、八太舟三は当時の著名なアナキストであり、新居格、麻生義も著書や論文ゆえに見当がついたが、小池英三、能智修弥、宮田晃一、久保譲などは不明であった。しかも全集の構成からすると、編集翻訳作業を実質的に担ったのは後者の人たちのように思われた。『クロポトキン全集』は昭和四十年代に古本屋で一冊ずつ買い求め、十冊まで揃えたが、新訳の多い第二巻と八巻は入手しな

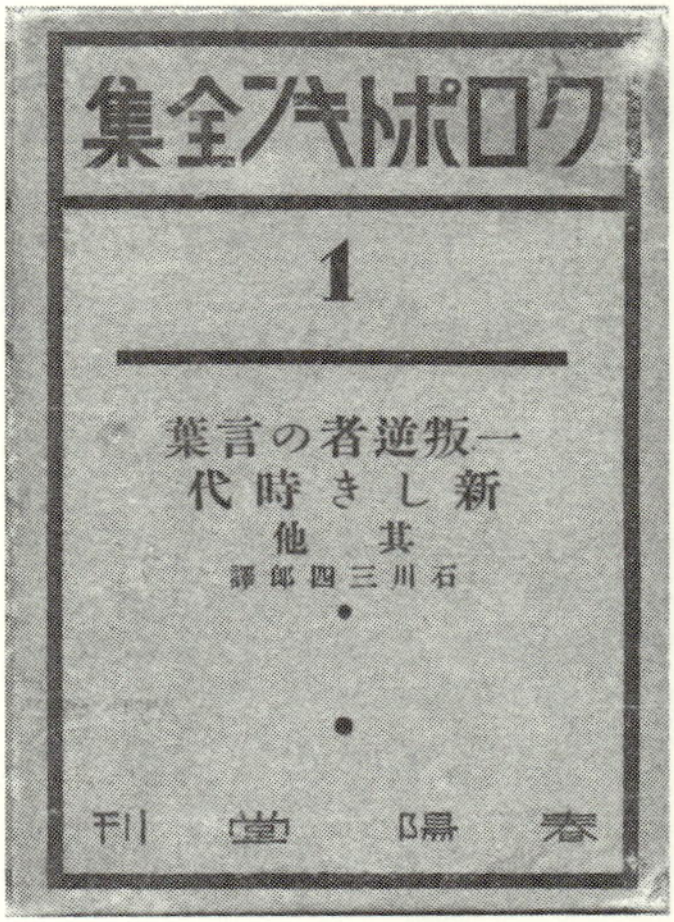

『クロポトキン全集1』翻訳者 石川三四郎、春陽堂、昭和4年5月

『春陽堂書店発行図書総目録（1879～1988年）』編者 久保欽哉、春陽堂書店、1991年6月

いままでいる。その間に三十歳以上も年をとってしまったというのに。

　しかし二〇〇四年になってぱる出版から六年がかりで三千名を立項した『日本アナキズム運動人名事典』（同編集委員会編）が刊行され、この機会に通読を試み、未知のことを学び、多くの示唆を受けた。その中に小池英三たちの名前もあった。小池の項に村上信彦の小説『音高く流れぬ』が引かれ、彼をモデルにした人物が登場すると紹介され、村上の項にも同様の記述がなされていた。村上信彦のことは出版史絡みでそのうちに書こうと考えていたこともあり、あらためて日本アナキズム史が近代文学史や出版史と密接につながっていると再認識させられた。

　その時はまだ『音高く流れぬ』を持って

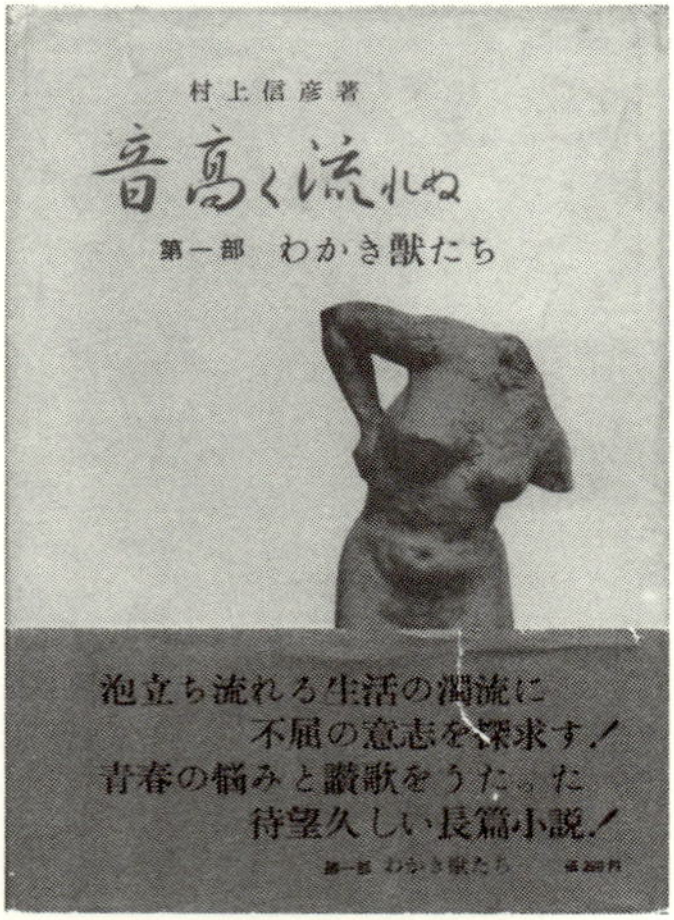

『音高く流れぬ 第一部 わかき獣たち』
村上信彦、三一書房、1958年1月

いなかったが、すぐに古本屋で三一書房版の全四巻を入手し、続けて理論社の二巻本にも出会った。前者は昭和三十三年の発行で、第一、二部は一年で五刷を重ね、当時はかなり売れたことを示している。第四部に投げこみがはさまれ、三一書房のベストセラーだった五味川純平の『人間の条件』との比較がなされ、『人間の条件』の主人公である梶が限界状況の中で求めた人間であることの条件を「この小説では、十代のいく人かの青春の群像を描きあげることによって追及する、まぶしいように純粋な、青春の喜びと悲しみを謳いあげた感動の長編小説」とあった。

『音高く流れぬ』は生まれてすぐに両親を失い、伯父に引き取られて成長した清水俊三郎を主人公とし、回覧雑誌『処女林』に参加する同級生の久松、青樹、大島、荒木を配置し、彼らが織りなす近代の青春ドラマと分類できるだろう。ただそのドラマツルギーはあまりにも白樺派的で類型化されている。

「序章」で語られる俊三郎の不幸な出生、それから物語が始まる。旧制中学を舞台とする学校への反逆、父と子のような伯父との対立、家出と信州への逃避行、そこで新しい村を思わせるような農業を営む大島の聖家族、その美しくて賢い女子大生の姉、移住し帰農した陸軍予備少尉の従兄、訪ねてきた都会を嫌悪する商事会社員、氷の宿のような伯父の家への帰還、優しく健気な女中の春との愛、学校との衝突と退学、伯父との離別などのテーマはそれぞれの部のタイトルである「わかき獣たち」「聖家族」「氷の宿」「くだかれた春」に象徴的に示され、「終章」は信州での俊三郎と春の新しい生活、及び大島姉弟たちの検挙捜索を告げ、クロージングになっている。小説としては何度も繰り返されてきた紋切型テーマのごった煮であり、特に魅力がある物語とは言えないだろう。

だが出版史の視点から読むと、この『音高く流れぬ』は他に例を見ない輝きを放つことになる。それは何よりもこの物語が大正末期から昭和初期にかけての出版状況に敏感に対応しているからである。第一部で「小型の赤い洋書」がすぐに出てくる。それには「大文字でTHE CONQUEST OF BREAD,その下に小文字でPeter Kropotkinと記して」あった。俊三郎と久松は学校からの帰りに十円札を拾い、警察に届ける代わりに有効活用しようとする。そこで外国為替を組み、大杉栄の著書や石川啄木の歌にある「赤紙の表紙手擦れし国禁の書《ふみ》」にして「アナキズムの聖書」を英国に注文した。しばらく前にその広告を見たからだ。

彼はふと、神楽坂で買った洋書の裏の広告を思いだした。それはその本の発行元であるロンドンのフリーダム社の広告で、アナキズムの文献がずらりとならんでいた。そのなかに、名前ばかり有名で手に入れようもないクロポトキンの主著があったはずだ。

俊三郎と久松は以前から大杉栄の本や訳書を読み合い、「思想的な友人」となり、久松は古本屋からアナキズム関係の本を買い漁り、「秘密の読書」を楽しんでいるだけでなく、駒込の労働運動社での大杉栄追悼集会に出かけたりもした。部屋にはクロポトキンの肖像がピンでとめられた。「権力は罪悪だ、政府は権力の集中的表現である。だから政府はみとめない。能力におうじてはたらき、欲望におうじて与えられる。それはすばらしい理想だ。だからその理想は実現されなければならないのだ」。アナキズムがこの時代に「信仰」のように彼らの心を捉えたのだ。

久松はアナキズムの文献収集に熱を入れ、行動の指針とすべく様々な機関紙やパンフレットを入手し、エスペラントの講習会にも出席した。そしてアナキストの講師小峯英造と出会い、自分たちが英国からクロポトキンの『パンの略取』を取り寄せた話をすると、小峯はそれを見たいので家に遊びにくるように言った。そして二人が本を持って訪れると、小峯は貸してほしいと頼んだ。

「じつはね、われわれの手でクロポトキン全集を出す計画があるんです。そのためにいま原書を手分けしてあつめているんだが、問題はこれなんだ。もちろんあることはあります。市川三五郎のところにあることは分かっている。しかし市川老人のばあいは、なにか記念の大事な蔵書らしいのでね、簡単に貸せとも言いにくいし、どこか手軽に借りられるところがあればと思っていたところなんです」

村上信彦の『大正・根岸の空』（青蛙房）の最後のページにまさに次のような文章があった。

　そのころ、クロポトキン全集が進行していて、その企画を担当していたエスペランテストでアナキストの小池英三が主著『パンの掠取』の原書“The Conquest of the《ママ》 Bread”をさがしていた。
（中略）フリーダム社からの送本のなかにそれがあったので、私はよろこんで小池英三に提供し、利用してもらうことにした。こうしたことから私は小池と親しくなり、アナキストに近づくことができた。

したがって小峯英造が小池英三だと断言していいだろう。小池は東京大学理学部を卒業し、エスペラント語の他に英仏独語に通じ、アナキズム運動に携わり、その後満州に渡り、エスペラント運動に参加し、敗戦後国民政府政治委員会調査部に留用されていたが、共産党軍の包囲による食料不足で病死したという。そして市川三五郎が石川三四郎である。『大正・根岸の空』には久松や青樹のモデルも登場し、府立五中の出来事として『音高く流れぬ』の中でのエピソードのいくつもが語られている。これらの事実から『音高く流れぬ』は村上信彦の体験をベースにして書かれた小説であることがわかる。だが残念なことに、春陽堂と『クロポトキン全集』の関係は語られていない。そして俊三郎の「訳して出版できるのですか」という質問に対する小峯の次のような意向は実現したのであろうか。

「もちろん、ふつうは出来ない。（中略）だが、クロの全集を出すのにパンを落とすことはできない。なんといっても主著だからね。だから訳しますよ。ただこれだけは一般広告から外して、希望者だけに秘密に配布するのです」

実際に『クロポトキン全集』にはその翻訳はなく、第十一巻に『パンの略奪』の英仏独露語版の四種の「序文」が収録されているだけである。英露語版を小池英三が訳している。幸徳秋水の『麵麭の略取』（岩波文庫）の「解説」で、塩田庄兵衛が「『クロポトキン全集』（中略）に分載されており、ほかにも大正・戦前昭和期に秘密出版された訳書が一、二ある模様」と記しているが、前者は間違いであり、後者については確認できていない。

それから小峯は書棚から原書を取り出し、二人に見せた。

アレクサンダー・ベルクマンやエマ・ゴールドマンの大きな本もあった。ベルクマンの本のカバーは鉄棒のはまった監房がどこまでもつづいている刑務所の写真で、見るからにすさまじい迫力があった。

判型の大きさと写真から考えるとベルクマンの本はPrison Memoirs of An Anarchist、エマ・ゴールドマンの本の場合、拙訳のある自伝はまだ刊行されていないので、My Disillusionment in Russiaだと思われる。未見であるが、前者は安谷寛一によって『獄窓の花婿』(汎人社)としておそらく抄訳された原書だろう。

その後小峯は『クロポトキン全集』の準備で忙しいために、同じくベルクマンのThe Kronstadt Rebellionというパンフレットの翻訳を俊三郎に依頼してきた。非合法出版で代訳だったが、彼は引き受け、訳了して小峯の家に届けると、訳者である宇土進が出てくるが、これは麻生義か久保譲ではないだろうか。これも未見であるが、翻訳は昭和四年の自由書房から『クロンスタットの叛逆』として刊行される。

復刻された同じ自由書房のベルクマンの『ロシア革命の批判』(黒色戦線社)を見ると、発行者は大塚貞三郎、自由書房の住所は京橋区木挽町二丁目十番地(東印内)となっている。これは『日本アナキズム運動人名事典』の編集委員で、りぶろ・りべろという古本屋を営む川口秀彦氏から恵送を受けた。『日本アナキズム運動人名事典』によれば、大塚貞三郎は関東労働組合連合会の創立に加わり、東京印刷工組合和文部に属すとあるので、そこで自ら印刷し、発行したことがわかる。後に彼はアナキズム関係の書籍や小冊子を取次販売する自由書房を興したという。
このように『クロポトキン全集』やその他のアナキズム文献の出版の根底には企画編集、翻訳、印刷製作、流通販売がリゾーム的に形成されていたのだ。そのために守秘する必要があり、企画編集の詳細が表に出てこなかったのであろう。昭和円本時代の知られざるエピソードを示しているといえよう。
アナキズム文献だけでなく、『音高く流れぬ』のなかにはその他の書物も多く語られている。スペンサーの『第一原理』、コロンタイの『赤い恋』、ベーベルの『婦人論』、細井和喜蔵の『女工哀史』が言及され、時代と呼応しているかのようだ。そして何よりもあのエリスの『性の心理』が発売され、読者と出会うのだ。大島が俊三郎たちに語る。

「君ね、こんど、すごい全集が出るんだよ。（中略）かかりつけの本屋のおやじが、にやにや笑いながら教えてくれたのだが、ハヴェロック・エリスの『性の心理』というのだ。今月中に広告するらしい。全部で二十巻ぐらいあるんだってさ。僕はさっそく申しこむつもりでいる……」

実際に大島はいきつけの南教堂でその内容見本を入手し、予約購読するのである。『音高く流れぬ』のモデルになった登場人物の誰もが、その数年前にロンドンでエマ・ゴールドマンとハヴロック・エリスが出会ったことをまだ知らないであろう。

そして最後に一言付け加えれば、過剰消費社会とグローバリゼーションの進行によって解体されてしまった人間の長い歴史的セーフティネットを再考するために、いまこそクロポトキンの『相互扶助論』の新訳が求められているのではないだろうか。

20　村上信彦と『出版屋庄平』

話が相前後してしまうことになるが、村上信彦の名前を知ったのは昭和四十年代で、当時どこの古本屋にもよくあった部厚い四巻本の『明治女性史』（理論社）の著者としてだった。現在では児童書出版社になってしまったが、あの頃の理論社は社会科学書の出版社のイメージがあり、『高群逸枝全集』や『服部之総著作集』、さらにまったく忘却されている「新しい人間双書」などを刊行していた。このシリーズはガーナのエンクルマを始めとする第三世界の指導者たちの自伝や理論書を含み、その時代を反映させている。理論社も全出版目録を出していないので、それらも出版史の闇の中に消えてしまうかもしれない。

同じ頃、みすず書房から再刊された埴谷雄高訳によるウオルインスキイの『偉大なる憤怒の書』を読んだ。これはドストエフスキイの『悪霊』研究であるが、埴谷の「後書」に「本書は戦争末期、ドストエフスキイの書物すら許されなくなった僅か前、興風館から村上信彦氏の努力によって出されたもので、いろいろな記憶がある」と述べられていた。

その後ずっと村上信彦のことは忘れていたが、近年になって出版史を調べていくと、『出版屋庄平』という小説が村上信彦によって書かれていることを知った。しかし出版史や出版研究において、小説であるゆえか、誰も言及しておらず、また杉並書友会の目録で見つけるまで、かなりの年月を要した。そしてこの『出版屋庄平』を先に読み、それから『日本アナキズム運動人名事典』で村上信彦の項に出会い、『音高く流れぬ』を見出したのだが、そこに興風館とこの小説についての記述はなかった。

村上信彦は明治四十二年に作家の村上浪六の息子として東京に生まれ、その少年時代は『大正・根岸の空』に詳述されている。強引に解釈すれば、その作風からいって、『音高く流れぬ』が彼の中学生時代、『出版屋庄平』は興風館時代の出版社体験を投影させたものであると考えられる。そしてこのふたつの小説は昭和初年から十二年間ほどの出版業界の側面を鮮やかに映し出した作品のように読むことも可能である。

村上が勤めていた興風館についてはよくわからないが、『出版屋庄平』は昭和十七年に教文館から刊行されている。この小説は十九世紀前半のフランス出版業界を題材にしたバルザックの『幻滅』(『世界文学全集』4・5、生島遼一訳、河出書房)を意識して書かれたのは明白であり、日本の出版業界の裏面をテーマにしたリアルな小説として、やはり自らの出版社体験に基づいた江崎誠致の『裏通りの紳士』(『江崎誠致　城山三郎集』所収、『新日本文学全集』8、集英社)と双璧をなす作品であろう。

ただこれまで『出版屋庄平』について言及されなかったのは出版の特殊な通信販売業界を扱っ

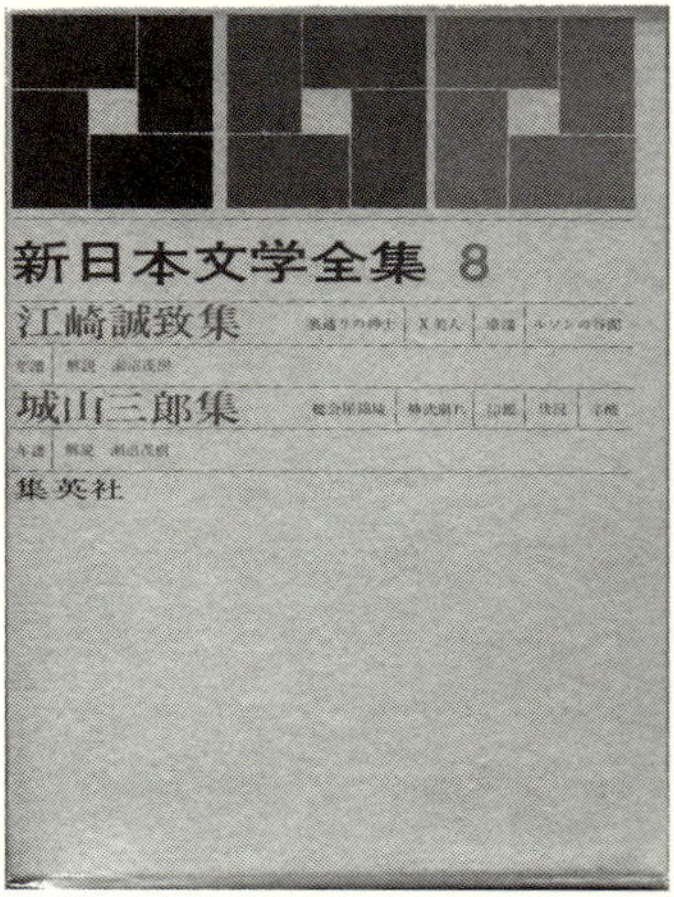

新日本文学全集8『江崎誠致 城山三郎集』集英社、昭和39年8月

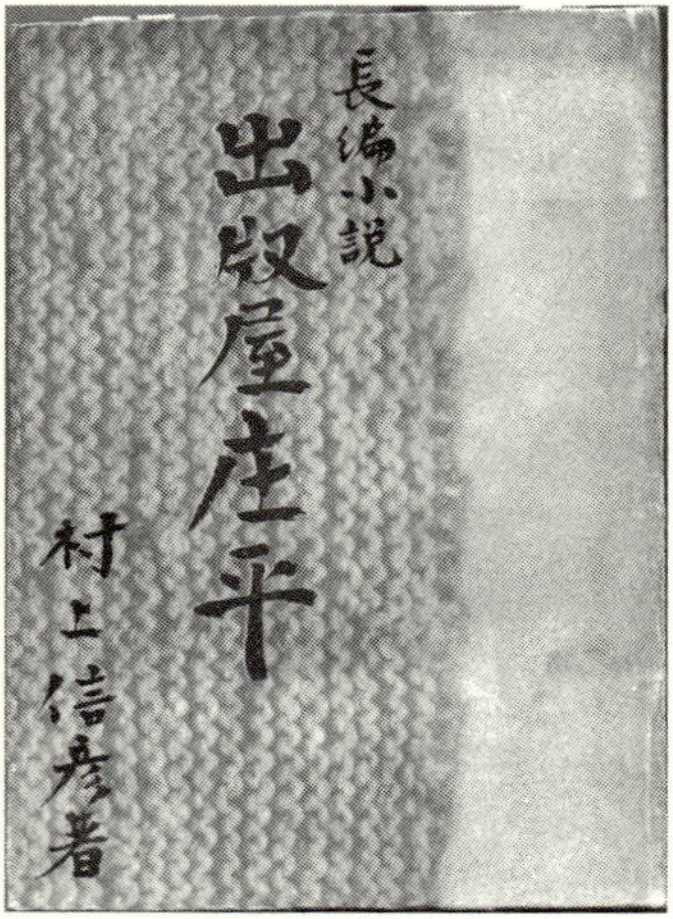

『長編小説 出版屋庄平』村上信彦、教文館、昭和17年1月

ているためだと推測できるが、戦前においては確固とした出版の一分野として成立し、出版業界と地続きになっていたし、それはこの小説を読めば、よくわかる。さらに出版業界の裏表を知り尽くしている小川菊松が『出版興亡五十年』の中で、何の注釈もなく、次のように書いている。

> 名簿による通販業者も昔から沢山あったが、長続きして成功したものはない。中山由五郎氏も「趣味の法律」などは図抜けて成功したものであったが、氏も世の中を甘く見たので、晩年は「出版屋庄平の悲劇」にある如き末路であったのは気の毒である。

この唐突な記述は戦前の出版業界の事情に通じたものでないとまったくわからないし、『出版屋庄平』がそれなりに話題になったモデル小説であることを示唆している。

『出版屋庄平』は書物を「精神の糧」とする若い夢想家の田口省三の視点で主として語られていく。時代は昭和九年で、彼は「ふと出版の計画」を思いついた。「出版は確固たる事業だから、科学的な見透しや採算を立てれば絶対に外れる心配はない。よしんば外れたにしても腐る商品ではないから、何としてもやつてゆける」と考えたのだ。そして作者と内容については語られていないが、自宅を発行所とし、一成社という出版社名で小説『荻原長兵衛』を通信販売で刊行する。しかしほとんど売れなかった。その部屋の光景が最初のところで描かれている。

その部屋は四畳半で、一眼見たゞけで中流以下の通信販売業者だといふことがわかるやうな、あの活気とも無秩序とも形容しがたい雑然とした姿を示していた。（中略）床の間には書籍発送の時に使ふ四六判の厚いボールの山や、全紙の儘巻いてあるハトロン紙や、鋏や、糊鑵などが乗つているし、違棚の下の床には内容見本や、それを入れる印刷した封筒が雑然と積み上げられ、更にその横には名簿カードを収めた箱があるといつた工合で、殆ど足の踏み場がないほど散らかつていた。

「読むより印刷する方が早い」書物の大量生産、大量消費時代を迎えての不況、新刊のたちまちのゾッキ本化が田口の口から語られている。『荻原長兵衛』の製作資金の二千円は借金で、心友社という印刷屋への手形が残り、「出版したことはしたが、その売行きは不思議なほど悪く、資金は枯れてしまつて借金だけ残つているのだ」。田口は編集に没頭し、超人的に働き、印刷、製本、用紙についても通暁したが、「商売人になり切れ」ず、「出版企業に無知」のままだったからだ。

田口の同業者である高文社の友田廉吉も窮地に陥っていた。出版した『満州紀行』の三千部が四百冊しか売れず、残本は担保に入り、美心堂で手形割引をしてもらうことで、かろうじて生き延びていた。

> 美心堂は本来金融が商売ではなく、神田神保町の裏通りに書店を開いているのであるが、主人の桜井の個人名義で本屋や出版屋の手形を割引くのが、内職といふにはあまりに大きな別途の職業になつていたのである。同業関係の便益もあつて、彼はいざといふ場合には相手の痛い点を衝くことも心得ていた。たとへば一二回高い手数料をとつて手形を書き換へてやつた揚句、次の書換に応ずるときに売れさうな紙型を担保にとつたり、其処の発行した本を安い掛で買つたりして稼ぐといふやり方である。（中略）しかも彼は口癖のやうに「こんな危険な水商売に融通するのだから」といふ恩恵づくの文句をつけて、非常識な金利を取る弁明にしていた。

この美心堂にもきっとモデルがあるのだろうし、バルザックの『幻滅』にも同業者が描かれている。そして友田は「知るかぎりの出版屋が一種の畏怖と尊敬とを以て口にしていた、有名な道家庄平」を仲間に引き入れ、起死回生をはかろうとし、田口のところに連れてくる。庄平は四十歳を超え、どっしりとした恰幅で、達磨に似ていた。彼の口から田口の『荻原長兵衛』の失敗が分析され、庄平の通販哲学が次々に語られていく。通販の注文は一割が標準で、最低でも五分はほしい。『荻原長兵衛』の一分は話にもならない。通販には送料不要だとか、七冊につき一冊無代進呈だとかの「特典」が重要で、それは自分が考え出したものだ。通販が狙った大衆は筋を追って読むだけだから、一冊を回し読みすればいいのであって、小説は通販に向かない。庄平はさらに熱弁を振るう。

「小説が通販に向かない理由としては、円本の影響も考へなければならない。今更小説を単行本でよむ必要がないほど、円本の洪水は大衆を食傷させてしまつた。それに今は、雑誌が円本と同じやうな役目をしてますよ。また同じ小説にしても（中略）、大衆が欲してるのはどちらかといへば、むしろ現代の通俗小説なのです。内容見本も上品すぎる。あんたのは読書階級に訴へるパンフレットですよ。（中略）といふのは、あんた自身が読書人だからですよ。放談社（もちろん講談社であろう——引用者注）の雑誌が何故あゝ成功したか知つてますか？　あれは一に卑俗性と低俗性が徹底してるからです。少しでも本を読んだ人間ならあんな広告に飛びつけやしない。『面白い面白い』とか、『面白痛快、素的に為になる』なんてね。大体面白いなんて言葉が魅力をもつたのは十年も前のこつてす。ところが大衆は今でもその広告文に飛びつく。つまり十年遅れているわけです。放談社の戸田はそれをよく心得ていて、（中略）給仕が面白いと云へば採用に決する。つまり子供の頭を読者の標準にして雑誌を作つてるんですよ。（後略）」

そこで田口は雑誌と単行本は違うのではないかと尋ねる。すると庄平は次のように答える。

「本当は違ふのですがね。（中略）しかし、地方大衆にとつては同じことです。本来はあんたの質問したやうに違はねばならない。雑誌は毎月読み棄てるものだし、単行本は保存さるべき性質のものです。だがそれは知識階級にとつての話で、一般の現実には当嵌らない。大衆は本箱なんて持つちやいませんよ。つまり、読み棄てるからです。売り飛ばしたり、失くしてしまふ。本箱を持たず、常に本を失い、読み棄て、消費し、消費するが故に常に買ふのが大衆です。彼らにとつては、食物と同じやうに本だつて消耗品ですよ。だからこそ、間断なく粗雑な本が売れるんです。そこでですね、この意味に於ける大衆とは何ぞや？　曰く、露出狂と隙見狂である」

そして庄平は結論づける。

「真にい、本は売れませんよ。（中略）浅間しからうが情なからうが、これが事実なんだから仕方がない。良書は売れず。――これが現代の悲しき鉄則です。われわれの趣味や教養なんてものは、何の役にも立たないばかりか、寧ろ商売の敵ですよ。浅薄で、下劣で、低級なもの、厭らしいもの、鼻持ちならないもの、――これが洛陽の紙価を高めるものです、これこそ出版のコツなんです。（後略）」

これらの庄平の発言はこの小説の訴えようとする主眼であり、作者である村上信彦の見解だと思われるので、あえて長い引用をしてみた。引用だけにとどめ、個人的注釈は加えず、読者の判断にまかせたいと思う。ただこの出版状況は昭和初期からの十年間のことを主として言っているのだが、何と状況は変わっていないことであろうか。そしてインターネットが全盛となり、空前の通販時代を迎えているにもかかわらず、これもまた同じ通販状況のもとにあるのだろうか。いずれにしても出版社・取次・書店という近代出版流通システムによらない当時の本の通信販売状況を露出させている。その相違のひとつは入金で、前者は半年後、後者は注文次第で振替による一ヵ月後というものだった。

それにこの発言をした庄平は「出版界の天才」と言われ、『趣味の法律問答』を二十万部売り、刊行した承文社に三十万の財産を築かせていたのである。しかし庄平が離れてから、承文社は没落してしまっていた。庄平は田口に『大日本地名辞典』の企画を提供する。さらにそのための資金作りとして、名の売れた著者の随筆集を三冊ほど集め、著者に無断で勝手に再構成し、小見出しをつけ、章分けし、二、三行批判めいたものを加え、「著」ではなく「編」とし、新しい題名で著者の承諾を得ずに売る『臍の神話』という本をまず作るべきだと言う。承文社もそれで儲けていたからだ。何やら博文館の編集のことを思い浮かべてしまう。出版方式も確実に繰り返されているのだ。

一方で友田は庄平が『新式モダン語辞典』という独立出版に挑み、内容見本を入れた封筒に工夫をこらし、注文が殺到して三割を超える「通信販売の歴史的成功」であったが、本に風俗雑誌の絵が入っていたことから発禁となり、切手を貼り、包装荷造りした幾千冊がそのまま没収され、資金をすべて失ってしまったという話を聞かされた。

田口は手形決済のために、『荻原長兵衛』を庄平の世話で「東京屈指の残本整理屋で」、「自身でも出版を営んでいる」大正堂の担保に入れ、金を引き出した。さらに『臍の神話』の製作費のために、千円の手形を振り出し、庄平に渡した。二人が友田のところに出かけていくと、美心堂の桜井がそこに取り立てに来ていたので、庄平が啖呵を切って追い出した。そして友田が『臍の神話』の紙を引き受けることになった。企画が庄平、印刷費が田口、紙は友田の分担に決められた。しかし友田も千円の手形を庄平に渡していた。田口は不吉な予感を覚えた。「仕事の神様」

にして「事業の権化」である庄平の別の側面、亡き妻に対する贖罪とでもいうような残された子供への異常なまでの執着に恐れを感じたからだ。予感通り、庄平によって田口と友田の手形は行方不明になり、紙は転売され、担保に入れた『荻原長兵衛』は横流しされ、『臍の神話』も製作できなくなってしまった。

田口は本を担保に入れた大正堂の刈谷を訪ねた。天井まである棚に全国各地の名簿が入れられ、ここが通信販売業者であることも思い出した。刈谷は語る。庄平は才能のある性格破綻者で、金銭と仕事の締め括りについて保証できない。天才ゆえに危険も多く、自分ですらもだまされた。「あれは天才ですよ。日本の書籍の通信販売法はあの男の力で組織されたと言っていいのです」。だが収支決算ができず、事業にならない。「何の仕事をやらせても庄平は天才的で、光っている。しかし金銭上の締め括りがなく、気分を情勢に任せて事を進めるから、有終の美を遂げる事が出来ない。事業は感情だけでなく、勘定が必要だといふのは其処ですよ……」。さらに刈谷は田口に自分たちの本にかかわる様々な商売を打ち明け、出版業界にとどまるように仕向けた。その内容はとても興味深いが、長くなってしまうので、またの機会に紹介しよう。

田口は自分のように出版に対して知識や思想や芸術を認めた場合、いかなる意味でも事業において成功するはずがないということに初めて気づき、出版業界を去ろうとする。庄平は喀血し、そのために出版業界から義捐金が集められている。「彼等は彼の再起を熱望している。危険な偶像を失ふことを惜しんでいる」からだ。だが庄平は子供が薬局から持ち出してきた毒薬を飲もうとしている。そこでこの『出版屋庄平』は終わる。

もはや出版業界も近代化と統制下に入りつつあり、英雄の成立が不可能になった時代を暗示しているのだろうか。庄平にはモデルがあり、『趣味の法律問答』も同様だろう。それをつきとめられないでいるが、ぜひ実物を見てみたい。

村上信彦はエピグラフに「マタイ伝」第七章の一節を掲げている。

滅《ほろび》にいたる門は大きく、
その道は広く、之より入る者おほし

身につまされ、溜息のようなものがもれてくる。

21　近代社と『世界童話大系』

昭和円本時代と繰り返し書いてきたが、それからすでに一世紀近くが過ぎているし、ここでそのアウトラインを記しておく必要があるだろう。もちろん私もその時代を経験しているわけではないが、まだ円本は古本屋にかならずあり、いつでも見かけられるので、それほど前だったのかと実感できない。時はあわただしく去っていくが、本は確実に残るのだ。

所謂昭和初期の円本時代は大正十五年に刊行された『現代日本文学全集』（改造社）を始まりとして、翌年の昭和二年に『世界文学全集』（新潮社）が続き、さらに『世界大思想全集』（春秋社）、『現代大衆文学全集』（平凡社）、『近代劇全集』（第一書房）、『明治大正文学全集』（春陽堂）などが後を追うことで、一冊一円の予約出版全集物のブームを出現させた。この円本は現在に至るまでの日本の出版業界の大量生産、大量消費システムの原点とも言えるし、円本に抗して岩波文庫も創刊されたのである。現在でも私たちは岩波文庫に円本時代のどよめきを聞くのである。それはかならず巻末に昭和二年七月の日付を記した岩波茂雄の「読書子に寄す―岩波文庫発刊に際して」を目にするからだ。この三木清が書いたと伝えられている一文は言っている。

近時大量生産予約出版の流行を見る。その広告宣伝の狂態はしばらくおくも、後代にのこすと誇称する全集がその編集に万全の用意をなしたるか。千古の典籍の翻訳企画に敬虔の態度を欠かざりしか。さらに分売を許さず読者を繋縛して数十冊を強うるがごとき、はたしてその揚言する学芸解放のゆえんなりや。吾人は天下の名士の声に和してこれを推挙するに躊躇するものである。

そしてさらに円本を「世間の一時的の投機的なるもの」とまで呼んでいる。これはおそらく比喩にとどまらず、円本企画をめぐって出版業界の外部から投機的資金が流入したことを暗示しているのだろう。

この円本時代は昭和四年まで続き、ありとあらゆる分野の全集物などが出版され、橋本求の『日本出版販売史』（講談社）に示された刊行リストによれば、その数は三百数十種に及んでいる。円本の功罪については紙幅もあり、これ以上言及しない。そしてこれらの円本企画は戦後になっても模倣反復され、文学の分野に限っただけでも、多くの文学全集が各社から刊行された。したがって戦後の全集、叢書、講座なども円本時代に起源を求めることができる。

この円本時代に刊行された三百数十種のすべてを網羅するのは不可能であるが、せめて文学、思想関係だけでも、紅野敏郎の『大正期の文芸叢書』（雄松堂出版）のようなかたちで、書誌目録を作成しようと考え、少しずつ集めてきたのだが、量の問題と出版史の資料の不足に阻まれ、いつになったら実現できるのかわからない。他の書誌であれば、図書館やインターネットを利用したり、コピーをしてすますことができるのだが、円本は巻数が多いため、やはり全集を手元に置き、時間をかけて内容を調べ、確認する作業が必要となる。復刻されている円本もあるし、古本価格がそれほど高いわけではないが、やはり八十年以上経っているので、古本屋でよく端本は見かけても、月報を含めた完本を揃いで収集することは困難である。図書館も全館揃っていない場合が多い。

それに加えて、継続して古本屋で円本類を買い、読んだり調べたりしているうちに、これらの円本企画が昭和初期にいきなり百花斉放のかたちで出現したのではなく、国民文庫刊行会や春秋社のところで少し触れたが、そこに至る前史があり、大正時代にすでにそれらが萌芽し、コアの読者を対象とする出版の特殊な分野を形成していて、円本時代もその反映であることに気づかされるようになった。これらの企画は円本時代に先駆けて予約出版され、同時代において強い文化的インパクトを伴って拡がり、様々な領域に大きな影響を与えたと思われるが、大正時代の書物の生産、流通、販売も含めたそれらの文化史的研究はこれからの課題であろう。ただひとつだけ言っておくと、大正時代の予約出版方式は読者への直接販売を主としていたが、円本時代を迎えて、出版社・取次・書店という近代出版流通システムへと流通販売がシフトし、そのことで出版バブルが起きたと推測できる。

さて前置きが長くなってしまったが、ここではそうした円本時代に先駆けてオリジナルな企画を実現させたにもかかわらず、円本時代の書物の価格破壊とも言える廉価合戦に敗北し、消滅してしまったと考えられる近代社と『世界童話大系』について記してみたい。もちろん鈴木三重吉の『赤い鳥』に代表される児童文学運動などの流れの帰結でもあるが、円本時代の『日本児童文庫』(アルス)や『小学生全集』(興文社、文芸春秋社)も『世界童話大系』の影響下に企画されたのではないだろうか。

近代社は創業、廃業年不明であるが、吉澤孔三郎という人物によって経営されていた出版社で、出版史において、近代社と吉澤孔三郎に関するまとまった言及を発見できない。最も大部で詳細な『日本出版百年史年表』を見ても、出版物の記載はあるが、索引に近代社は掲載されておらず、昭和四年の『東京書籍商組合員図書総目録』にもその名前は見当たらない。しかしその出版活動は関東大震災以前から始まっていたようで、大正十三年から昭和二年にかけて、次のような大部の全集物を刊行している。

1『世界短篇小説大系』全十六巻
2『近代劇大系』全十六巻
3『古典劇大系』全十九巻
4『世界童話大系』全二十三巻

『古典劇大系 第五巻 英国篇（一）』〔非売品〕発行者 吉澤孔三郎、発行所 近代社、昭和2年2月

『世界童話大系 第一巻 希臘・羅馬・伊太利篇』発行者 吉澤孔三郎、発行所 世界童話大系刊行会、大正14年5月

5『神話伝説大系』　全十八巻
6『世界戯曲全集』　全四十巻

これらは2と3を除き、いずれも古書市場で完本揃いを見つけることは難しいと思う。『世界短篇小説大系』については端本すらも見ていないし、矢口進也の『世界文学全集』（トパーズプレス）にも記載がない。幸いにして、私はかなり以前に『近代劇大系』と『世界童話大系』を入手している。前者は正式に言えば、発行所は近代劇大系刊行会となっていて、住所は牛込区矢来町で新潮社と同じである。発行者は佐藤義夫と吉澤孔三郎の二人となっているので、近代社と新潮社との共同出版だと考えられる。『新潮社七十年』などを始めとする社史や総目録に『近代劇大系』の掲載はあるが、その経緯について何も記さ

れていない。これは箱なしで、確か二千円で買ったのだが、後者については五万円と高価であったためにかなり迷い、古本屋で見つけてから購入する決意をするまで半年ほどかけてしまった。今考えてみれば、よく他の誰かが買わなかったものだと思わざるを得ない。

『世界童話大系』は日本の児童文学の通史や翻訳史でもほとんど言及されておらず、唯一まとまった紹介が瀬田貞二のすばらしい資料収集に基づく『落穂ひろい』（福音館）でなされているだけである。大正時代になって柳田民俗学の影響を受け、日本の昔話や伝説に関する発見と評価が高まり、それが朝鮮、台湾、琉球へと拡がり、さらに広く世界各国の昔話、伝説にまで及んだ状況を背景にしているようで、瀬田貞二は次のように書いている。

ところで、以上のすべてを総合し、さらに集大成した大規模なシリーズが、大正十三年から昭和二年にかけて、ひとりの真摯な学者の組織的な編集のもとに刊行されました。それは大型八百ページ前後の大冊を二十三巻つらねて、ほとんど世界各国をつくした昔話全集ともいうべきもので、今日に至るまで、それにくらべられる叢書を持ちません。すなわち、松村武雄監修、世界童話刊行会（近代社）発行の『世界童話大系』がそれです。

松村武雄は今や忘れ去られているが、大正時代の童話学、神話学の著名な研究者であり、どのような経緯があってか不明だが、童話学が『世界童話大系』、神話学が『神話伝説大系』という近代社の出版企画に反映されたのであろう。全二十三巻の内容を記す。

第一巻	希臘・羅馬・伊太利篇
第二、三巻	独逸篇
第四巻	北欧篇
第五、六巻	露西亜篇
第七巻	蘇格蘭・英蘭篇
第八巻	愛蘭篇
第九巻	仏蘭西・和蘭篇
第十巻	印度篇
第十一巻	土耳古・波斯篇
第十二、十三、十四巻	亜剌比亜篇
第十五巻	支那・台湾篇
第十六巻	日本篇
第十七、十八巻	世界童謡集
第十九、二十、二十一、二十二巻	童話劇篇
第二十三巻	独逸・西班牙篇

菊判の大冊で、まさに装丁も児童文学の金字塔のような内容と趣きがある。さらに主な訳者を記すと、『グリム童話集』は金田鬼一、『アンデルセン童話集』は竹友藻風、『アラビアンナイト』は日夏耿之介、その他にも中村白葉、米川正夫、西条八十、青木正児、小山内薫、有島武郎などの豪華メンバーが顔を揃え、それだけでもこの出版が一大プロジェクトであったことを示している。

だが瀬田貞二はこの『世界童話大系』に関する最後の部分で、子どもが読者の対象ではなく、普及もしなかったと述べている。

『世界童話大系』本はこのようなものですが、この造本、解説その他に、子どもをして読ませる工夫はありません。挿絵も皆無です。ぎっしりつまった活字八百ページの大冊二十三巻は、畢竟子どものものではありませんでした。

これらの瀬田貞二の記述には多くの間違いがあり、円本時代も含めてだが、この時代の全集物を論じることの難しさを教えてくれる。おそらく瀬田は全二十三巻を見ていない。ページ数は各巻一律八百ページ前後ではなく、それぞれ六百ページから千ページ以上にも及び、挿絵のない巻もあるが、半数以上に魅力的な挿絵が入っている。さらに投げこみに記された数字から判断すると、予約購読者が一万人ほどいたことになり、かなり「普及」していたと考えられる。それに子どもたちも読んでいたのである。三島由紀夫は「電燈のイデア――わが文学の揺籃記」(『蘭陵王』所収、新潮社)で書いている。

子供のころ、私は厚い金ぴかな世界童話集を何冊も持っていた。燈下で、それらの本を縦横に組み合わせて、私の宮殿を作った。金ぴか趣味は生来のものだった。

これは紛れもなく、『世界童話大系』であり、その造本は天金で、背は赤だった。三島は日夏耿之介の『アラビアンナイト』の愛読者であった。同時代に彼のような読者が多くいたにちがいないし、子供のリテラシーをあなどってはいけないのだ。

そして近代社はこの『世界童話大系』の刊行後、円本時代を迎えて、昭和二年に第一書房の『近代劇全集』に対抗し、『世界戯曲全集』を計画し、新聞各紙で広告合戦を繰り拡げた。その事情について、林達夫他編著の『第一書房長谷川巳之吉』(日本エディタースクール出版部)でライヴァル社のほうから見た近代社とその企画のことを次のように記している。

近代社の『世界戯曲全集』は、ギリシャ古典から始めて、現存作家に至る代表的名作を収めるという、より幅広い企画になっていた。それは大正十年代に出版されて好評であった

世界童話全集『ロシヤ童話集 上巻』編輯兼発行者 松元竹二、発行所 近代社、昭和5年7月

『近代劇大系』を基にしたプランであって、予約価にしても、『近代劇全集』が一冊一円であるのに『世界戯曲全集』は一冊九十銭というのであったから、第一書房にとっては、まさに強敵の出現であり、なんとも頭の痛いことになった。

これを補足すれば、『世界戯曲全集』は『古典劇大系』と『近代劇大系』を組み合わせた企画であったと思われる。第一書房の『近代劇全集』は財政的後援者である大田黒元雄の十五万円にものぼる融資によって何とか完結させることができた。だが一方で近代社は長谷川巳之吉の言葉にあるように、「債権者の蹂躙に依って見るかげもなくなり」、倒産してしまったという。

これも古本屋で入手したのだが、昭和五年に出された『世界童話全集』の一冊で、近代社版『ロシヤ童話集』となっていた。明らかに『世界童話大系』の第五巻の焼き直しであり、もちろん訳者は同じだが、発行者は吉澤孔三郎ではなく、松元竹二となり、判型も四六判に変わり、典雅で重厚な元版の面影はすっかり消えてしまっていた。きっと債権者たちに紙型や版権を押さえられ、会社ごと転売され、もう一度出版されたのであろう。両者を比べると、円本時代の前後の書物の変わりようを実感できる。

その後中村白葉と同様に『世界童話大系』の訳者であった米川正夫の自伝『鈍・根・才』(河出書房新社)を読んでいて、ようやく吉澤孔三郎に関する記述を見つけたので、それを紹介して、この章を閉じることにしよう。

(前略)新潮社の『近代劇大系』のプランを売り込んだ吉沢という男が、その成功に刺激されて、近代社という独立の出版社を始め、『古典劇大系』を出すことにした。(中略)近代社は引き続き、『世界童話大系』(中略)、『世界短篇大系』(中略)などを出して、徐々に基礎を固めて行ったが、昭和に入って起こった円本ブームに乗じて、『世界戯曲全集』を出しはじめた。ところが、あまりにも膨大な広告をしたのに、予約が思った半分も集まらず、ついに倒産してしまった。

22　平凡社と円本時代

円本時代といえば、平凡社に触れざるを得ない。『現代大衆文学全集』から始まり、昭和二年から六年にかけて最も多くの種類の円本を刊行し、ジャーナリズムによって、「円本全集の総本山の観ある出版書店」と呼ばれていたからだ。まずは『平凡社六十年史』や『下中弥三郎事典』（平凡社）などを参照し、それらを列挙してみる。

昭和二年
1『現代大衆文学全集』　全六十巻
2『世界美術全集』　全五十四巻
昭和三年
3『新興文学全集』　全二十四巻
4『社会思想全集』　全四十巻
昭和四年

5『菊池寛全集』　全十二巻
6『伊藤痴遊全集』　全三十巻
7『ルパン全集』　全十四巻
8『新進傑作小説全集』　全十五巻
9『釈宗演全集』　全十巻
10『明治大正実話全集』　全十二巻
11『世界探偵小説全集』　全二十巻
12『映画スター全集』　全十巻
13『少年冒険小説全集』　全十五巻
14『令女文学全集』　全十五巻

昭和五年

15『久米正雄全集』　全十三巻
16『書道全集』　全二十七巻
17『世界プロレタリア傑作選集』　全十二巻
18『万花図鑑』　全十二巻
19『高僧名著全集』　全十八巻
20『世界家庭文学全集』　全十五巻

21『円玉講談叢書』　全十巻
22『菊池寛傑作長篇小説』　全十三巻
23『実際経済問題講座』　全十三巻
24『花鳥写真図鑑』　全六巻
25『世界興亡史論』　全二十巻
26『渋沢栄一全集』　全六巻
27『川柳漫画全集』　全十一巻
28『俳人真蹟全集』　全十一巻
29『仏蘭西大革命史』　全八巻
30『生命の科学』　全十六巻
31『世界猟奇全集』　全十二巻
32『世界演劇史』　全六巻
昭和六年
33『白井喬二全集』　全十五巻
34『江戸川乱歩全集』　全十三巻
35『露西亜大革命史』　全十巻
36『世界裸体美術全集』　全六巻

37『吉川英治全集』　全十八巻

まさにすさまじい種類、量という他にない。巻数をざっと合計すると、七百巻にも達しているから累計すれば、この期間に平凡社一社だけで膨大な量の円本が送り出されたことになる。しかもわずか五年間のことであり、それも昭和四、五年に集中している。昭和二年の円本景気が徐々に後退し、昭和四年に入って出版不況を迎えていた。だから売上を維持するために自転車操業的に出版しなければならなかった事情が伝わってくる。それに昭和三年創刊の雑誌『平凡』は売れ行き不振ですぐに廃刊していたし、単行本出版はあらためて見ると、驚くほど少ないので、円本依存度が非常に高かったことを示している。平凡社が「円本の総本山」という指摘は間違っていないのである。

『平凡社六十年史』〔非売品〕編集 平凡社教育産業センター、平凡社、昭和49年6月

　それにしてもこれらのすべてが社内企画であったはずもないので、多くが持ちこまれたと考えられ、ここに平凡社の当時の出版社としての特異な存在、及び下中弥三郎という創業者のスケールの大きさ、懐の深さを感じさせる。近代出版業界において、出版者として

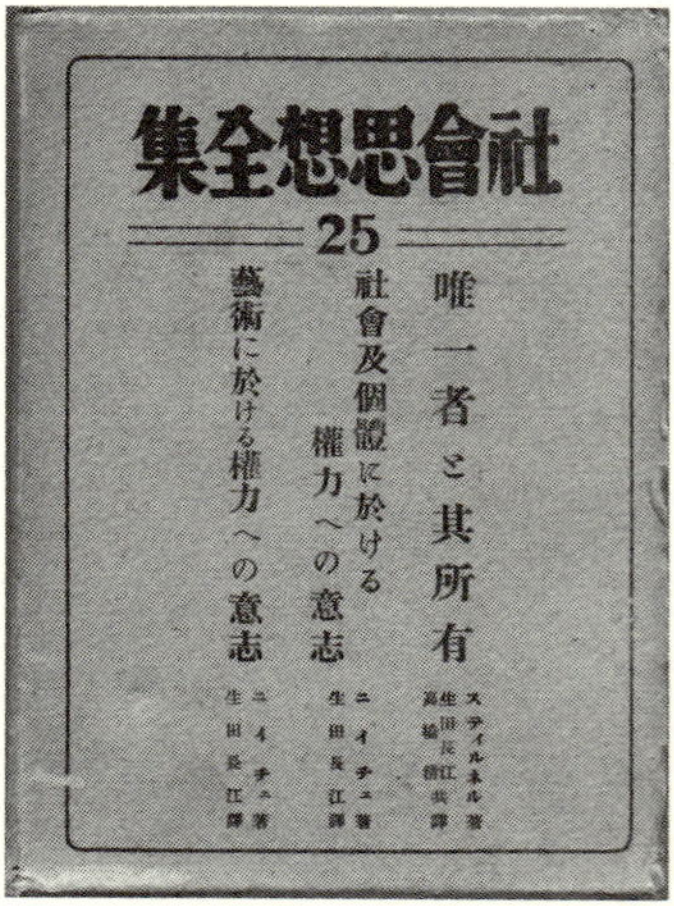

『社会思想全集 第二十五巻』社会思想全集著作代表者 島中雄三、平凡社、昭和4年5月

『新興文学全集 第十五巻 仏蘭西篇I』〔扉〕新興文学全集著作代表兼発行者 下中彌三郎、平凡社、昭和5年8月

の個人名で事典が編集されているのは下中弥三郎だけであり、それは世界にも例がないと思われ、彼だけに与えられた栄光であろう。そしてこれだけの種類の企画を咀嚼する力と経験があったゆえにこそ、昭和六年の経営破綻の後、平凡社と下中弥三郎は『大百科辞典』をすぐに立ち上げ、信じられない速さで刊行にこぎつけ、会社を再建することができたのではないだろうか。下中弥三郎のことをもう少し語りたい気がするが、円本に戻ることにしよう。

私が全巻揃えて所持しているのは8の『新進傑作小説全集』だけだが、リストアップしたそれぞれの円本の由来について、わかっているものだけでも記してみたい。それを通じて平凡社と下中弥三郎、及び円本をめぐる環境を伝えたいと思う。ここに戦後の出版企画の原点がすでに萌芽しているからだ。

1の『現代大衆文学全集』は編集者の橋本憲三によって企画された。橋本は高群逸枝の夫であり、先述した理論社の全集は彼によって戦後に編まれたのだ。橋本は学術出版を構想していたが、そのためにはまず資金作りが必要だと考え、講談に代わって新たに台頭しつつある大衆文学に目をつけ、『現代大衆文学全集』全三十六巻を企画し、下中弥三郎の賛同を得た。そしてこの円本によって時代小説、推理小説が広範な読者層を獲得し、大衆文学の主流を築くのである。その意味で改造社の『現代日本文学全集』に劣らぬほどの影響を広義の近代文学に与えたと言えよう。

その頃白井喬二は『現代大衆文学全集』の著者の多くが加入する同人制の二十一日会を主宰し、雑誌『大衆文芸』を刊行していた。そして橋本憲三は白井喬二を訪問し、刊行が決まり、白井が大衆文学の命運をかけて全面協力することになり、自らの内容見本を作り始めた。そのことが白井の自伝『さらば富士に立つ影』（六興出版）で語られている。

そこでいよいよ実行の段階に入った。ぼくは失敗したら「筆を折って故山に骨を埋める」と覚悟をきめた。ぼくの家で編集をし内容見本をつくった。作家約三十余名にむかって参加依頼の矢を放った。（中略）編集の進行状態はガリ版刷りでそのつど刻々と速報した。内容見本は菊倍版で作家の写真をぜんぶ入れた。

そして平凡社はまだ小出版社で、倒産の噂もたてられていたこともあり、さらに自ら取次や書店回りをし、販売促進に協力したのである。小取次の栗田書店もそれこそ「前にも後にも例のないような」宣伝活動に加わり、それを栗田確也が『私の人生』(栗田書店)で述べている。

私は平凡社のハッピを着、『現代大衆文学全集』と染めぬいた赤い襷をかけて宣伝カーに乗りこみ、「千ページ一円、平凡社の大衆文学全集をお読み下さい」とメガホンで連呼しながら目抜き通りを走りまわったものです。(中略) あるいは省線電車に乗って車内で宣伝。(中略)「みなさん、平凡社の大衆文学全集をご存じですか。……一千ページ、一冊一円、すぐお申込み下さい」と、内容見本をくばりながら大声でやりました。それが連日でした。

これに加えて、栗田は書店の協力を得るために、下中に進言し、帝国ホテルでの書店招待、及び説明会を開催させた。かくして後は読者の予約を待つばかりで、第一回配本は三十三万部に達し、大成功を収めたのである。

2の『世界美術全集』は東京美術学校教授の田辺孝次などを編集委員、その他にも多くの美術関係者が顧問、評議員として名をつらね、元中央美術社のベテラン編集者を編集長と定め、この種の全集物の先駆をなす企画だった。円本による破格の美術全集だったこともあり、十数万部の予約を得た。

4の『社会思想全集』はリベラルな学者や思想家の集まる島中雄三主宰の文化学会によって企画編集され、春秋社の『世界大思想全集』と並んで、戦後の「世界の名著」的企画の原点であろう。6の『伊藤痴遊全集』は作家の村松梢風の持ちこみで、彼が伊藤痴遊から全集出版の権限をゆだねられていたからだ。11の『世界探偵小説全集』は直木三十五の提案によっていた。13の『少年冒険小説全集』は博文館の元編集者の木位田準一の企画だったが、初版五千部で、かなりの返品があり、売れ行きはよくなく、『令女文学全集』と同時に発売されている。

その他の円本にも短い注釈は加えられるが、ここでは『社会思想全集』とタイアップして刊行された3の『新興文学全集』に言及してみたい。『平凡社六十年史』の記述によれば、「昭和初期の思想的状況を先取りした全集」、「日本をはじめ、英、仏、独、露など国際的な視野にたち、すぐれた社会主義文学を幅ひろく網羅した画期的な企画」であり、『日本近代文学大事典』には「いわゆるプロレタリア文学全盛の時代に、あえてプロレタリア文学全集といわず、もっと幅広く大逆事件以降の冬の時代を経てきた人々、労働文学、アナーキズム系の人々をも採入れようとしているのが特色」で、「この方面の研究の基礎文献の一つ」と評され、さらに編集者であった松本正雄が回想録『過去と記憶』（光和堂）の中に「『新興文学全集』の仕事」という一章を残しているからだ。

昭和二年に松本正雄は室伏高信の紹介で平凡社に入社し、下中弥三郎がプロレタリア文学の全集を出すつもりでいたので、編集部長の志垣寛を加えて三人で全集の青写真を作ることになった。

そこで全集のタイトルが問題になった。松本は書いている。

下中は「プロレタリアの全集」といっていたが、「松本君、僕はプロレタリアを歌っては狭くなると思うんだ、新興文学はどうかね。」という。（中略）だんだん話しているうちに、下中の考えている全集の内容が、（中略）さかのぼって、木下尚江、白柳秀湖、石川啄木までも入れるのだという。それも一案である。そうなればプロレタリア文学の名を冠するわけにはいくまい。

ここに下中の時代に抗する出版センスが提出されている。そしてタイトルは『新興文学全集』に決定し、その収録作家、作品についての意見を求めるために、吉江喬松、新居格、青野季吉、平林初之輔との会合がもたれた。平林はこの企画に懐疑的だったが、青野は自分が創刊メンバーの一人である『文芸戦線』の作家たちを多く推薦し、吉江は戯曲や詩を入れるように言い、新居は外国の新しい作家と作品を挙げた。

そのような経緯を経て日本編十巻、英国編二巻、米国編二巻、仏蘭西編三巻、独逸編三巻、西班牙編一巻、露西亜編三巻という全二十四巻になり、まさにインターナショナルなプロレタリア的新興文学の異色な全集が編まれることになった。この全集でしか実現できなかった異色の組み合わせだと思われるし、ここにしか収録されず、翻訳もされていない作品もかなりあるし、訳者に関しても不明の人物が何人もいる。例えばゾラの『ジェルミナール』を訳している伊佐襄とはどのような人物なのだろうか。その内容と細目に興味ある読者は図書館で簡単にアクセスできる『日本近代文学大事典』第六巻の「叢書・文学全集・合著集総覧」を参照してほしい。

初版は八千部で、四六判、総布装、箱入りだった。だがネーミング、もしくは時期尚早ゆえなのか売れ行きはよくなかった。『平凡社六十年史』は記している。

もう一、二年遅く企画されれば、あるいは爆発的人気をよんだかもしれない。ナップ成立前後のあわただしい状勢の中で、よくこれだけの幅のひろさをしめすことができたと驚くばかりだが、蓋をあけてみると案外ふるわなかった。

そのこともあってか、私もまだ五冊しか収書できていない。しかも五冊とも箱のない裸本で、各巻に「新興文学」と題した定期刊行物が月報代わりに付録としてついているらしいが、これも目にしていない。

ちなみに「日本の古本屋」などのサイトを検索すると、巻によっては一万円以上の値段がついていた。確かに全巻揃いは見たことがない。『新興文学全集』も円本時代に刊行されながらも、入手困難な全集と化しているのだろうか。

23 宮武外骨と円本時代

まったく意識することなく、アト・ランダムにこの本を書き始めたのだが、円本とその時代に関する文章が多くなってしまったので、やはり円本の功罪について触れないわけにはいかないだろう。かつて学習院大学の山本芳明氏と岩波書店の『文学』（二〇〇二年十月号）で「円本の光と影」という対談を交わしたこともあったし、これまでも円本が書店や作家や古本業界にもたらした様々な波紋について、『書店の近代』（平凡社新書）所収の「円本時代と書店」「円本、作家、書店」「特価本書店・帝国図書普及会」などで言及してきた。

しかしその「影」に関する痛烈な批判者である宮武外骨を直接取り上げてこなかったので、この機会に紹介し、検討してみよう。だがその前に平凡社のところで、取次の栗田確也の円本販売促進ぶりを引用したこともあり、公平を期する意味で流通の要にいた取次人の目から見た円本、及びその時代についての証言を確認しておく。

もちろん、この円本時代といわれるような特異な現象が起こったというのも、もとをただせば、一つには日本の社会と文化の歴史的な発展のうちに育ってきた読書界の側に、それだけの理由があってのことでしょう。明治維新から（中略）産業も文化も飛躍的に発展して来ました。教育の普及とともに、各地の大衆の読書欲も購買力も大いに高まって来ていたはずです。それが、この時期になって、どっと現われたのだと理解することもできるでしょう。さらに、大震災によって本を失った者も多く、たった一冊で数冊に及ぶ作品が読めるというのも、読者にとって大きな魅力であったに違いありません。

（中略）いずれにしても、これによって新しい読書層を大量に開拓しましたし、不況になやんでいた出版業界をよみがえらせ、出版物の普及に革命的成果をあげた事実は、特筆しなければならないことでした。ですから、この円本の発案者、実行者としての山本実彦さんと改造社の功績は、絶大なもので、私は出版界、読書界の恩人であるといってよいと思います。

（『私の人生』）

これは円本とその時代についての出版業界からの公式見解であるといっていいだろう。特に栗田書店は円本時代を糧とし、くぐり抜けることで、大きく成長したのであるから、円本が「光」だという実感がこもっている。

しかし円本が強烈な「光」を投げかける一方で、広範な「影」をもたらしたことも紛れもない事実なのである。それは様々な視点から語られているが、出版者兼著者として最も総合的に、しかも激しく批判したのは常に権威を壊乱し続けてきた操觚者の宮武外骨だった。

彼は昭和三年に『一円本流行の害毒と其裏面談』を刊行し、吉野孝雄の『宮武外骨』（河出書房新社）に付された年譜によれば、「自身を『円本征伐本営再生外骨』と称し、街頭で円本全集を攻撃しながら販売」したとある。この『一円本流行の害毒と其裏面談』は古書目録で見かけるたびに何度も申しこんでいたが、一度も当たらず、現在に至るまで実物を入手していない。実際にこれを読んだのはゆまに書房の『宮武外骨此中にあり』の第二十三巻に収録されてからだ。

その本文に触れる前に、発行所である半狂堂について説明しておこう。これは有限社発行となっているが、住所も同じであるので、半狂堂と見なしていいだろう。半狂堂については幸いなことに、大正十二年発行の『半狂堂出版図書目録』を入手しているからだ。明治二十年に『頓智協会雑誌』を創刊して以来、宮武外骨は自ら出版社を起こし、企画編集し、執筆刊行するスタイルを生涯貫き、筆禍のために多くの入獄、罰金、発売禁止などをこうむってきたが、半狂堂はその最後の出版社だと考えられる。

『半狂堂出版図書目録』にも掲載されているが、大正十年四月に「廃姓広告」を出し、自らを天皇と同等に置くことで、平民主義を実行に移し、「廃姓外骨」を宣言し、「外骨」もしくは「半狂堂外骨」と郵便物にも書いてほしいと公表した。外骨の甥である吉野孝雄の『宮武外骨』は次のように述べている。

『半狂堂出版図書目録』大正12年11月
半狂堂主人 職業的著述家 廃姓外骨

『一円本流行の害毒と其裏面談』昭和3年10月　外骨　有限社

> 「廃姓宣言」以後、外骨は上の桜木町の自宅を「半狂堂」と称し、自らも半狂堂主人の戯号を用いて著述家としての生活に専念していく。「半ば狂せるに似たり」、時代の悪化に抗して生きた外骨に付き纏う狂人のイメージ。「半狂」は残りの半分に存在する「正常」昂然たるの自負で（中略）「半狂堂主人」の外骨の興味はあらゆる対象に向けてほとばしる。

さらに付け加えれば、全出版物は確認できないが、昭和七年頃まで半狂堂として出版活動を続けていたようだ。菊判六十ページほどの『半狂堂出版図書目録』には「半狂堂主人」として、後世に残ると思われる旧著の復刊の意図が述べられ、『面白半分』

を始めとする十冊ほどの自著、中田薫の『徳川時代文学と私法』、澤田例外の『縁切寺』といった著作が掲載されている。前者は戦後になって創文社版を経て、岩波文庫の『徳川時代の文学に見えたる私法』として復刊されることになるが、大正十四年の半狂堂出版が初版だったのである。

半狂堂の出版物はリストアップされている予約者と直接購読者表、及び取次販売店として挙げられている東京の文武堂、南陽堂、京都の千鳥屋、大阪の達磨屋、柳屋、積徳堂の六店のことを考えると、直接予約購読と一部の書店での販売だけに限られていたようだ。

さてここでようやく『一円本流行の害毒と其裏面談』に入ることができる。

外骨はその「著書自序」で、「誰一人此時弊を打破せんとする志士なきを慨して奮起し」、「現在の円本流行を黙過すべからざる害毒問題として天下に呌号し、以て読書界の進展と出版界の転機を促さんとする」とまず述べている。だが広告で儲けている新聞、印税をもらって喜ぶ著者たち、それらを取り巻く雑誌や評論家たちの渦中にあって、これはいわば自らもいる出版業界についての内部告発であり、「円本出版屋の怨恨と憎悪を受けて、ヤミウチされるかも知れない」ので、さすがの外骨先生も「総て具体的の記述を避けて、抽象的暗示的の筆を執る事にした」と書き、「卑怯らしい所もある」にしても、「此勇気だけは何人も認めてくれやう」とことわっている。このように外骨ですら配慮しているのであるから、円本に関する「極端なる厳正批判と、遠慮なき内情暴露」はタブーだったことがうかがわれる。

外骨は「一円本」の「害毒の十六ヶ条」を挙げている。ここでは同時代の刊行物で「一冊二円、三円、五円の全集物」は除外されているが、それらは外骨が吉野作造、尾佐竹猛、石井研堂たちと結成した明治文化研究会編集の『明治文化全集』などを指し、これは昭和二年に「一冊三円」で日本評論社から刊行されている。外骨の指摘する「害毒の十六ヶ条」は次のようなものである。

1 円本出版屋の無謀
2 円本著訳者の悖徳
3 図書尊重の念を薄からしむ
4 予約出版の信を失はしむ
5 普通出版界に波及せし悪影響
6 多数少国民を荼毒せし文弱化
7 融通金主の当惑
8 印税成金の堕落
9 広告不信認の悪例を作りし罪
10 批評不公正の悪習を促せし罪
11 国産用紙の浪費
12 製本技術の低下
13 通信機関の大妨害

14　運輸機関の大障礙
15　一般財界の不景気を助長す
16　一般学者の不平心を醸成す

これらの内容について、外骨はほとんど出版社名を挙げていないが、具体的に述べている。すべてに言及できないが、興味深い項目だけでも取り上げ、説明と注釈を加えてみよう。

1の「円本出版屋の無謀」は自社の営利だけを目的とする商業道徳、経済原則の破壊であることを指し、確実な収入も定かでないのに、諸新聞に大広告を掲載し、紙屋印刷屋に大量発注し、それでいて代金を支払わず、著作権も勝手に侵害する事実を列挙している。つまり円本の広告、製作に関して、当たれば払うが、当たらなければ踏み倒すという事例が横行していたのであろう。

2の「円本著訳者の悖徳」は円本に組した、見識も徳義ももたない著訳者を俎上に載せ、かつて三円、もしくは五円で売られた本を原出版社に断わらず、一円本に入れさせて印税を二重取りする者、他人の翻訳を改作したにすぎない剽窃者、誤訳だらけの物を平気で出させた翻訳者などを挙げている。そして「出版屋を贓物故買犯者、著訳者を背信、偽作、剽窃の常習犯」だと見なしている。著作者として最も不徳を極めた者として「利口不食《きくちくわん》」のことが挙がっているが、これは菊池寛のことだと思われる。

4の「予約出版の信を失はしむ」は円本時代の前後の予約出版という、流通販売のあり方の変化を告げている。外骨が言うように「円本の予約出版と称した事は、旧慣破壊の一事であつた」のだ。従来予約出版は小資本の出版社が読者を対象として行なってきた確実で手堅い流通販売システムだった。ところが円本時代を迎え、予約者を獲得するための競争で、次第に書店が予約金を取らなくなり、中途解約、返品も自由と化し、予約出版の理念も薄れてしまったのである。これは円本時代に起きた見逃せない流通販売システムの変化であった。

7の「融通金主の当惑」は円本企画がスポンサーを背景にして成立している事情を語っている。「円本出版者悉くが資本家ではない、十中の七八までは、自家の金ではなく、他より融通を受けて遣繰って居るのである」。円本を出せば儲かるという甘言で、金を引き出し、「円本出版屋は後家泣かせ隠居泣かせの罪をも作つて居るらしい」のだ。そういえば、円本ではないが、『出版屋庄平』の田口の金主は隠居だった。

8の「印税成金の堕落」は外骨が最初に述べた「永々貧乏生活をして居た蚊士輩が、図らずも巨額の印税にあり付いた」後日譚とも言える。だがここにおいて、文学も大金をつかむことができるという近代文学の神話が初めて完成したのである。確かにこの時代ほど広範にわたって文学者や著訳者たちが大金にありついたことはなかったかもしれない。

10の「批評不公正の悪習を促せし罪」は新聞社が主張も見識もなくなり、広告収入になるので、円本をまったく批判せず、流行をあおる文句や提灯記事を載せ、新聞の信用を失わせたことを指している。

15の「一般財界の不景気を助長す」は円本時代の後半になって、無謀な大量生産のために紙屋や印刷屋、製本屋、広告代理店に借金が累積して四百万円ほどの不払い金額に達し、これが現在の不景気のひとつの原因ではないかと推測している。

これらの「害毒の十六ヶ条」に続けて、外骨は「円本関係の裏面談」を付け加えている。

それらのことにすべて言及できないので、円本のゾッキ本化について触れてみよう。すでに昭和三年に円本の新刊がゾッキ本屋を通じて全国の古本屋に出回り、書店と古本屋で前者では一円、後者では四十銭で同時に売られ始めていたことが語られている。そしてゾッキ本屋も入り、外神田佐久間町のゾッキ本屋は一円五十銭の上製本を一冊四十銭、一円本を二十銭で三万円、内神田神保町のゾッキ本屋は一円本の残本十七万冊を一冊十二銭で二万円あまり買ったが、揃っていない端本はさっぱり売れず、このゾッキ本取引は「大きな思惑違ひ」であったと述べている。またあるゾッキ本屋は円本仕入れのために四万円の手形の不渡りを出すはめになったらしい。

それに輪をかけて各出版社も残本、返品の山をなし、もはや古本として売れないほどの量になっている話も挿入され、円本が出版バブルであったことをまざまざと物語っている。少し後になるが、昭和八年版の大観堂書店版『円本全集販売目録』という百二十ページあまりの古本目録が私の手元にあり、円本のすべてがゾッキ本と化した事実を伝えているように思える。

外骨は自分がすでに一年五ヵ月前の昭和二年五月に、ある雑誌で円本全集の流行を痛撃し、それらの全集の内実と結果を予測した表を作成し、その表を掲載しているので、それを引用しておく。外骨らしい揶揄と皮肉がこめられ、円本時代のパロディとなっている【資料11】。

24　西村陽吉と東雲堂書店

これも意図して集めてきたわけではないが、西村陽吉の著書と東雲堂書店、それに紅玉堂書店の本が一年ほどで六冊たまってしまった。

東雲堂書店の本は三十年以上前に石川三四郎の『哲人カアペンター』を買い求め、巻末の発行図書に北原白秋や石川啄木の歌集があったことを思い出し、その巻末の「東雲堂書店発行図書」を確かめてみると、やはり彼らの『思い出』や『一握の砂』『悲しき玩具』の他に若山牧水の『別離』、斎藤茂吉の『赤光』などの詩歌集を出版し、さらに小説として岩野泡鳴の『放浪』、中村星湖の『星湖集』、田山花袋選の小説集『二十二篇』、文芸雑誌として『創作』『朱欒』『青鞜』『生活と芸術』『短歌雑誌』なども刊行し、近代文学史を語る際に欠かせない出版社であることを再認識した。それにこれは未見だが、伊藤野枝によるエマ・ゴールドマンの翻訳『婦人解放の悲劇』も刊行している。

入手した本の中に保存状態は悪く、かなり疲れているが、近代文学アルバム類で書影を目にすることができる若山牧水の第三歌集『別離』があった。初版にもかかわらず、古本屋の均一台に転がっていたのだ。明治四十三年の発行で菊半截判、七十五銭であり、よく知られた「白鳥は哀しからずや空の青海のあをにも染まずただよふ」も含む一千首を編んだ歌集だった。「自序」にその一首は自分の命の歩みの一歩にして小さな墓を築いているようなものだと第二歌集『独り歌へる』に記した言葉を引き、収録した歌に向かって「左様なら、過ぎ行くものよ、これを期として我等はもう永久に逢ふまい」と結んでいる。牧水は東雲堂書店で『創作』の編集に携わりながら、この歌集を編んだのである。

それはさておき、この歌集の見返しのところに、青いインクで書かれた詩句めいた言葉があった。

何かしら……

何かしら、
歌の本でも読みたい日、
その歌の中に自らを見たい気のする日
あれでもなく　それでもない　さびしさに
眼つぶり　ねころんであれば、

ジイくと、蟬の声がやけつく日

私は　この本を帯屋君へおくる。

そして明治時代を示す「四五、八、十三、」という日付と稲生という署名が入り、「帯屋君へ」と献呈されていた。他の歌集であれば、それほど気にしなかったかもしれないが、あのカール・ブッセやボードレールの詩と共鳴しているであろう「幾山河越えさり行かば寂しさのはてなむ国ぞ今日も旅ゆく」の牧水ゆえに、少しばかり考えさせられてしまった。

明治後期になって、所謂「近代人の孤独」が形成され、そのことによって作者と読者の内面が共通し、大正時代に多くの近代文芸書出版が立ち上がったのではないかというのが私の仮説であるのだが、この牧水の『別離』と稲生という読者の「あれでもなく　それでもない　さびしさに」の書きこみはその前史を暗示しているように思えたからだ。そして稲生は牧水と自分だけでなく、帯屋君もそれを理解してくれると思い、この歌集を送ったのだ。まさしく「近代人の孤独」が文学を通じて共有される時代に入りつつあり、短かった大正時代の活発な文学の動向と多種多様な出版活動の動因となったように思われる。

ああ、それにしても古本には何と多くの物語がつまっていることだろうか。東雲堂書店から『別離』が刊行されたのは明治四十三年四月である。そしてこの歌集を稲生が帯屋君に送るまで約二年半が経っている。稲生はどこで買い求めたのだろうか。新刊で購入したとすれば、二年以上も愛読し、手元に置いていたのだろうか。稲生は何者で、帯屋君とどのような関係にあるのか。百年近く前の出来事であり、もはや誰もその物語を知らない。裏の見返しに屋号が入った帯屋という判が押してあることからすると、実際に帯屋君に送られたのだろう。それからの本の行方はわからない。とにかく地方の古本屋の均一台に放り出され、今では私の手元に置かれている。本の不思議な運命について考えてしまうのだ。

奥付の発行者は西村寅次郎とあるが、実際の編集者は西村辰五郎（陽吉）だった。東雲堂書店は西村寅次郎によって明治二十三年に興された学習参考書の出版と赤本の地方向き取次を兼ねた書店で、『中学英和字書』などを出していた。

『別離』若山繁、東雲堂書店、明治43年4月

明治二十五年本所生まれの江原辰五郎は三十七年に十三歳で東雲堂書店に入り、四十一年に西村の養子となり、その後陽吉と通称を改めた。

明治四十三年頃に彼は東雲堂書店を文芸書の出版社へと転換させようと試み、前述したように若山牧水編集の『創作』を創刊し、石川啄木や北原白秋の詩歌集を出版し、自らも啄木や牧水の短歌の影響を受け、歌人としても創作に励

『評伝 石川啄木』西村陽吉、素人社書屋、昭和8年2月

『口語歌集 晴れた日』西村陽吉、紅玉堂書店、昭和2年4月

むようになる。そして大正五年に歌集『都市居住者』（東雲堂書店）を刊行し、六冊の歌集、及び何冊かの評論集があるようだ。

私が購入したのは昭和二年の『晴れた日』（紅玉堂書店）、昭和八年の『評伝石川啄木』（素人社書屋）で、前者は口語歌集と銘うたれている。西村陽吉は生活派の歌人として出発し、口語歌に親しみ、大正十四年には紅玉堂書店から口語歌雑誌『芸術と自由』を創刊し、その中心になった。私が入手した『晴れた日』以外の紅玉堂書店の本はいずれも歌集で、上野成子『鹿鳴草』（大正十五年）、植松寿樹『庭燎』（大正十年）、大槻松枝『紅椿』（昭和五年）の三冊であり、『紅椿』は「芸術と自由叢書」と記され、西村陽吉の「序」が置かれていることから、彼女が『芸術と自由』の投稿者であったとわかる。しかも彼女はこの年に亡くなり、『紅椿』が遺書となったのだ。これらの三冊にも様々な物語が潜んでいるにちがいない。

さてここで紅玉堂書店が出たこともあり、この出版社にも言及しておこう。紅玉堂書店は歌集を多く出版しているが、詳細はよくわかっていない。ただ斉藤英子の『西村陽吉』(短歌新聞社)によれば、「陽吉とつねに行をともにしていた前田夏村経営の合資会社・紅玉堂書店」は西村陽吉が出資した東雲堂書店の系列会社で、昭和七年頃に経営が悪化し、廃業したようである。

ついでに素人社書屋にも触れておくと、素人社書屋は新潮社の社員であった金児農夫雄が大正十三年に始めた出版社で、主として俳書を刊行している。紅玉堂書店と素人社書屋に共通するのは西村陽吉の著書、及び『一握の砂』と『悲しき玩具』を合冊にした『啄木歌集』の出版であり、後者は東雲堂書店の出版物だったことからすると、東雲堂書店の事情も絡んでいると思われるが、西村の配慮によってこのロングセラーが紅玉堂書店、次いで素人社書屋にゆずられたのだろう。そのような出版状況の中心に西村がいたと判断してもいいかもしれない。

『晴れた日』の口絵に西村陽吉の筆になる油絵が使われている。おそらく大正時代の郊外の風景であり、褐色の道が続き、その脇に麦畑が拡がり、電信柱がたち、奥の方に家々が並び、屋根が見え、その先に鉄道の架線らしきものが伸びている。晴れた日の平穏な光景でありながらも、なぜかしらさみしさをたたえている。まさに『晴れた日』にという歌集のイメージを映し取ったような風景で、斉藤英子の『西村陽吉』の表紙カバーはこれを転載したものだ。また『晴れた日』

の表紙にある木下茂の装丁の絵も、ビルが立ち並び、自動車が停まっている風景であるが、そこはかとなきさみしさを漂わせている。
このような機会であるから、ほとんど忘れられていると思われる西村陽吉の口語歌を十首ばかり引いてみよう。これらの歌は大正八年から十五年にかけて詠まれたものである。

氷屋の軒にはためく蒼い旗　ふつとまひるの海を思はせる

むかうにはあんな原つぱもあるものを　町をつくつて人は住んでいる

意味のない夕の散歩が意味のないかなしみとなる　どれ帰らうか

あたらしい世界がほしい　腐れきつた　この町筋をけふも通つて

かあんかあんと遠い工場の槌の音　真夏の昼
のあてない空想

山住みを寂しく思ふな　街住みの私の胸はもつ
と荒れている

暮れはてた平の町よ　女の叫び　酒舗のあか
り　活動の楽の音

春がまだ去りきらないにはや夏のかなしみを
おもふ　青田と青葉

まつぴるまの町をあるいて　一直線に不思議な
冥府《よみ》の世界が見える

世をかなしみなげく心は何に因るか　自分が
作つた世でもないものを

あの人もこの人も世を辞してつた　さはがしい世間のひびきにまぎれて

私の好みで選んだこともあり、西村陽吉の世界を正確に伝えているかを危惧するが、これらの作歌のかたわらで、西村は出版業に携わりながら、関東大震災に出合い、ここには引かなかったが、歌に詠まれているように「さみしい大杉も死んだ」。そしてこれも詳細はよくわからないのだが、関東大震災に東雲堂書店も壊滅的な被害をこうむり、文芸書出版を断念し、それゆえにその仕事を紅玉堂書店に移行させたと思われる。

斉藤英子の『西村陽吉』の末尾に学習参考書の学習社で出版業者として高い社会的地位につき、さらに『日本読書新聞』の創刊に関係したと、前後の脈絡なく、唐突に述べられているのだ。確認するために『日本出版百年史年表』をくってみた。すると次のような記載に出会った。

大正十四年九月十四日

東京および大阪の小学全科詳解発行業者間の無謀競争を防止するため、東京の三省堂・東京堂、大阪の共同出版社・宝文館・積善館文盛館の五社が合同し、株式会社学習社創立（代表者：亀井寅雄・西村辰五郎）、小学全科詳解その他小学校用参考書出版。

昭和十二年一月十一日
日本読書新聞社（中略）、創立総会を行い、取締役会長：江草重忠（有斐閣）・専務取締役社長：西村辰五郎（学習社）ほか役員決定、いよいよ発足。三月五日《日本読書新聞》（旬刊）創刊。

どのような経緯があって、学習社や日本読書新聞社に至ったのかわからないが、歌の世界から西村陽吉の姿は消えても、西村辰五郎として出版業界にはとどまっていたのである。彼にはさらに別の出版の物語が待ち受けていたことになる。

25　河出書房と『現代の経済』

このようなことを唐突に書くと驚かれるかもしれないが、私の関心は一貫して日本の戦後社会と高度成長期にあり、そのために少しずつ高度成長期に出版された経済学や社会学の本を集めてきた。

その理由はかつて『〈郊外〉の誕生と死』（青弓社）という高度成長期の大団円でもある郊外消費社会論を書いた時、高度成長期に出版されていたD・リースマンの『孤独な群衆』や『何のための豊かさ』（いずれもみすず書房）、東京創元社の「現代社会科学叢書」に収録されているD・ブーアスティンの『幻影の時代』、W・H・ホワイトの『組織の中の人間』、C・W・ミルズの『ホワイト・カラー』などを再読し、それらがまさに同時代の日本社会を描いているようで、ひどく生々しく感じられたからだ。

昭和四十年代にそれらの著作を読んでいたのだが、背景となる郊外消費社会が理解できず、まだ実感として受け止められなかった。それにリースマン自身が「日本語版の序文」で「読者にこの本を別世界の物語として読んでほしい」と書いていたのである。

これをきっかけにして高度成長期に刊行された経済学や社会学の本を収書しようと思い、古本屋や古書目録で探し求めてきたが、みすず書房や東京創元社の本のように人文科学書として出版されていたのではなく、ビジネス書系の出版社から刊行された本はあまり見つからないのである。といってその分野の出版データ、基本収書リストはないので、一冊ずつ入手し、巻末の引用文献や同種の出版広告に目を通し、さらに探書を続けてきた。

ところがようやく古書目録で見つけても、やはり求めている人もいるようで、外れてしまい、ダイヤモンド社の『パッカード著作集』全五巻などは三回も外れ、端本で『ピラミッドを登る人々』しか入手していない。奥付を見ると、昭和三十八年初版、四十三年十五版となっているので、よく売れた本だと思うが、探すとなると難しい。『ピラミッドを登る人々』（徳山二郎他訳）はアメリカ企業におけるエグゼクティブの実態を描いたもので、日本の経営者たちにもよく読まれたと想像できる。他の四巻も『かくれた説得者』『地位を求める人々』『浪費をつくり出す人々』『裸の社会』とあり、現在でも通用する内容のようで、とても興味深い。ソ連の初期の新経済政策がアメリカのフォードシステムを始めとする企業研究に基づいていたことは知られているが、日本の高度成長期も紛れもなくアメリカを模倣していたのだ。

W・W・ロストウの『経済成長の諸段階』（木村健康他訳）は一世を風靡した本であると思うが、これもダイヤモンド社から刊行され、昭和三十六年に初版、四十年に十四版を重ね、経済学の本としては当時のベストセラーだと判断していい。だがこれも古書目録で買ったが、その後見かけ

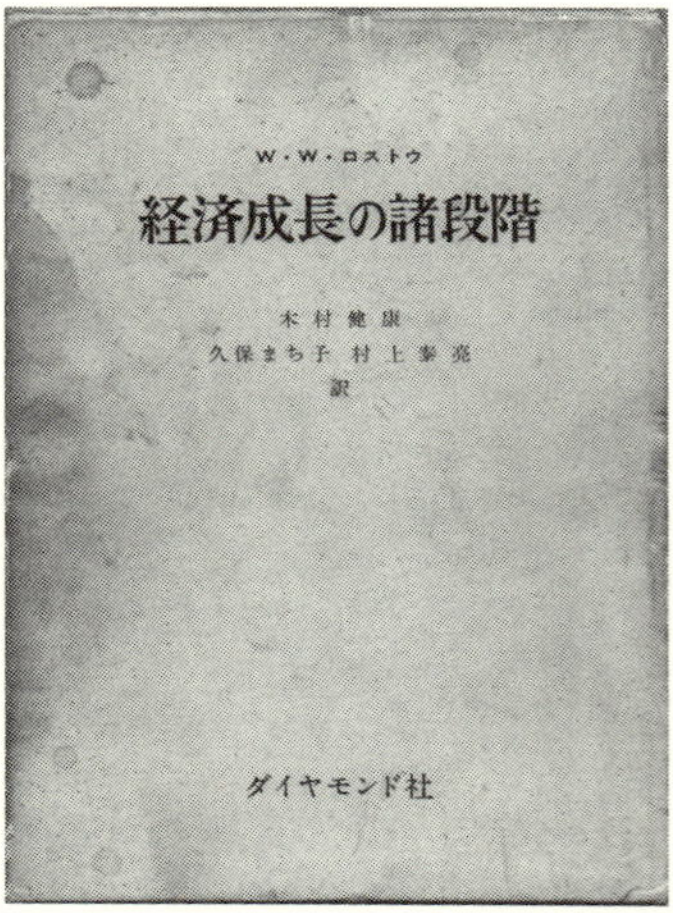

『経済成長の諸段階』W・W・ロストウ著、木村健康・久保まち子・村上泰亮訳、ダイヤモンド社、昭和36年6月

パッカード著作集4『ピラミッドを登る人々』V・パッカード著、徳山二郎・波羅勉訳、ダイヤモンド社、昭和38年9月

ていない。ロストウの社会に関する次のような定義を読んだ昭和三十年代の日本人の反応を思い浮かべることができる。

> すべての社会はその経済的次元においてみると次の五つの範疇のいずれかにあるとみることができる。すなわち、伝統的社会、離陸《テイ・クオフ》のための先行条件期、離陸《テイク・オフ》、成熟への前進、そして高度大衆消費社会のいずれかである。

おそらく当時の読者にしてみれば、日本はまだ全体として「離陸《テイ・クオフ》のための先行条件期」にあるか、もしくは「離陸《テイク・オフ》」の段階に入っているのではないかとまでは読んだであろうが、現在のような「高度大衆消費社会」の実現に関してはそれこそ「別世界の物語」のように考えていたのではないだろうか。だからきっと「高度大衆消費の行方」の一節には目がいかなかったと思う。そのような社会が成立した時、「よく治められよく管理された国民は死ぬほど退屈し」、退屈の問題が現実的になる。そしてロストウは次のような問いを投げかけているのだ。「人間がいきいきと暮らしていくためには貧困と内紛とが必要条件なのであろうか」と。

その他にも何冊か紹介したいが、長くなってしまうので本題に入る。

これは何度も書いてきたことだが、近代出版史の最大の難点は全出版目録を刊行している出版社が少ないことである。例えば、博文館にしても講談社にしても改造社にしても全出版物は判明していない。改造社に至っては社史もそれなりの出版目録もない。その他にも全出版目録があってほしいと思う出版社は数多い。それらを挙げてみよう。金港堂、河出書房、ダイヤモンド社、春秋社、人文書院、創元社、小山書店、三笠書房、ポプラ社、角川書店等々。

これらの中でも社史、創業者伝、全出版目録と三拍子揃ってないのが、河出書房である。明治十九年に岐阜で出版と取次を営む成美堂が東京日本橋支店を開設し、そこに勤務するために河出静一郎が上京し、独立して成美堂を創業するに至り、数学、科学、地理学書、農業書を中心に出版し、成美堂・河出書房の称号を用いていたが、昭和五年頃に養子の孝雄に経営をゆずった。手元に昭和十一年刊行の海後宗臣『日本近代学校史』（『現代教育学大系』第八巻）があるが、発行者は河出孝雄、発行所は成美堂書店となっている。そして戦後になって二度倒産したことで、河出孝雄とその一族が退任し、それも社史などが不在の原因でもあろう。

実物を見るまで知らなかったのだが、この河出書房から『現代の経済』というシリーズが出ていて、その一冊を大阪の古本屋の均一台で見つけたのである。オレンジ色のB六判で、昭和三十九年から四十年にかけて全十八巻が刊行され、それなりに売れたシリーズのようだ。投げこみを見ると、懐かしい小型版『世界文学全集』や『現代の文学』も掲載され、同時期に出ていたシリーズだとわかる。全巻を揃えていないが、河出書房の全出版目録がないこともあり、十五巻まで集めたので、著者とタイトルをリストアップしてみる。

1 長洲一二『国際時代の日本経済』
2 片山謙二・狭間源三『自由化とブロック化』
3 長幸男『ドル危機』
4 吉田義三・名和献三『米ソ経済競争』
5 内田星美『科学技術時代』
6 佐伯尚美『農業革命』
7 伊東光晴『大量消費時代』
8 伊東光晴『新しいインフレーション』
9 力石定一『経済の計画化』

10　宮崎義一『ビッグ・ビジネス』
11　中村秀一郎『中小企業』
12　阪口昭『経営者』
13　北川隆吉・岡本秀昭『ホワイト・カラー』
14　遠藤湘吉・加藤義憲『政党・官僚・圧力団体』
15　小森武『都市づくり』
16　名和統一・佐藤昇『新しい社会主義』
17　長洲一二『資本主義の新時代』
18　安藤良雄編『日本経済の未来像』

それこそ高度成長期の只中にある様々なテーマがつめこまれているし、前述した翻訳書の影響を受けているのがわかる。だが講座物でもなく、文芸書の河出書房がこれだけのメンバーを揃え、主として書き下ろしで「現代の経済」に挑んだことは評価すべきであろう。高度成長期において、これらの人物が一堂に会した企画はないように思われる。

すべてに触れるわけにはいかないので、ここでは前述したロストウとの絡みもあり、7の伊東光晴の『大量消費時代』もロストウから始めているので、これを取り上げよう。

サブタイトルに「消費革命・流通革命・産業構造」が付され、昭和三十年代の日本社会の状況

現代の経済7『大量消費時代』伊東光晴、河出書房新社、昭和39年4月

分析がなされる。古い日本の資本主義の下に自動車とテレビなどの耐久消費財が大量生産されて普及し、またインフレーションも起き、スーパーマーケットが出現し、日本的現代資本主義が生まれつつある。そしてロストウやガルブレイスを援用し、従来の資本主義の病である貧困、失業と不況、不平等は後退し、豊かな社会の病として生産が増大するにつれて、貧困の代わりに充たされないという精神的窮乏、失業と不況に代わってインフレーション、不平等に代わって社会的インフラの不平等とアンバランスが生じることに言及している。

そして大量生産されたテレビと自動車の普及が大衆消費社会の基盤を形成し、それらの普及によって日本社会が大きな転回をとげていると指摘している。さらに的確に消費需要の長期的変化についても次のように述べている。

> 一言でいうならば、一人の人間についても社会についても、豊かになるにつれて、人間の需要は必需品からしだいしだいに贅沢品へと拡大してゆき、しかも欲望の対象は必需品から

離れてゆく―つまり必要と欲望の乖離が豊かな社会ほどはげしくなってゆくのである。

（前略）まったくの贅沢品で金持のものでしかなかった自動車が（中略）国民の足となり、同時にそれが国民の生活に定着しだすことによって―たとえば郊外への住宅の移動によって、自動車なしには出勤すらできないというような形で、贅沢品から必需品へと転化してゆくものもある。

もちろんこのような指摘は伊東光晴のオリジナルではなく、第二次大戦前にいち早く消費社会を迎えていたアメリカの経済学者や社会学者の研究を踏まえているのだが、日本人による昭和三十九年の発言であると考えれば、かなりの予言力を持っていたと考えるべきだろう。当時自分の周りで必需品が揃っている家はまだ少なかったし、自動車を持っている人などいなかったからだ。

現在では全国の商店街がシャッター通りとなり、無残な姿をさらしたままになっているが、高度成長期が商店の時代であったことを示す一節も含まれている。

わが国は商店の数の多い国である。人口千人当り一六軒余りの店があり、アメリカの千人に八軒に比べてかなり多い。さらに朝早くから夜おそくまで店を明けている（後略）。

零細なものが多く、生産性は低く、労働時間は長く、勤勉な家族労働の上に支えられ、しかもある程度の生活水準を享受できるという雑草のような力を持ち、ともに保守党の基盤であるという点で、わが国の商店はわが国の農業と類似しているといってよいだろう。

こうした指摘を読むと、高度成長期に輝いているように見えた商店街が目に浮かんでくる。高度成長期の小説や映画には商店街の風景が何とよく描かれていたことだろうか。それにどこの町にいっても多くの個人商店があり、また田舎の村にも一軒ぐらいの商店が点在し、その佇まいは何か慰安を感じさせてくれた。それは生活と商店が一体化していたからではないだろうか。コンビニエンスストアに覆われてしまい、すでにそのような風景が消滅して久しい。さらに郊外消費社会は農村と農業のメタファーで語られている商店を駆逐して出現したことになる。

敗戦から半世紀経って、アメリカ的消費社会の占領が完成されたのだ。高度成長前期と比べると、もはや日本は異国のようだ。

これも古本屋の均一台で見つけたのだが、河出書房は同時期に宮本常一たちを著者とし、全十一巻からなる『日本の民俗』というまったく同じ判型のシリーズを刊行している。『現代の経済』でこれから出現してくる新しい社会を、『日本の民俗』で失われていこうとする古い社会を扱っていることになる。そうした意味で、編集者が意識していたかどうかわからないが、このふたつのシリーズは戦後の日本社会の転換期を象徴する企画であったようにも思えてくる。

【資料　1～11】

【資料1】講談社版世界名作全集・百五十巻タイトル

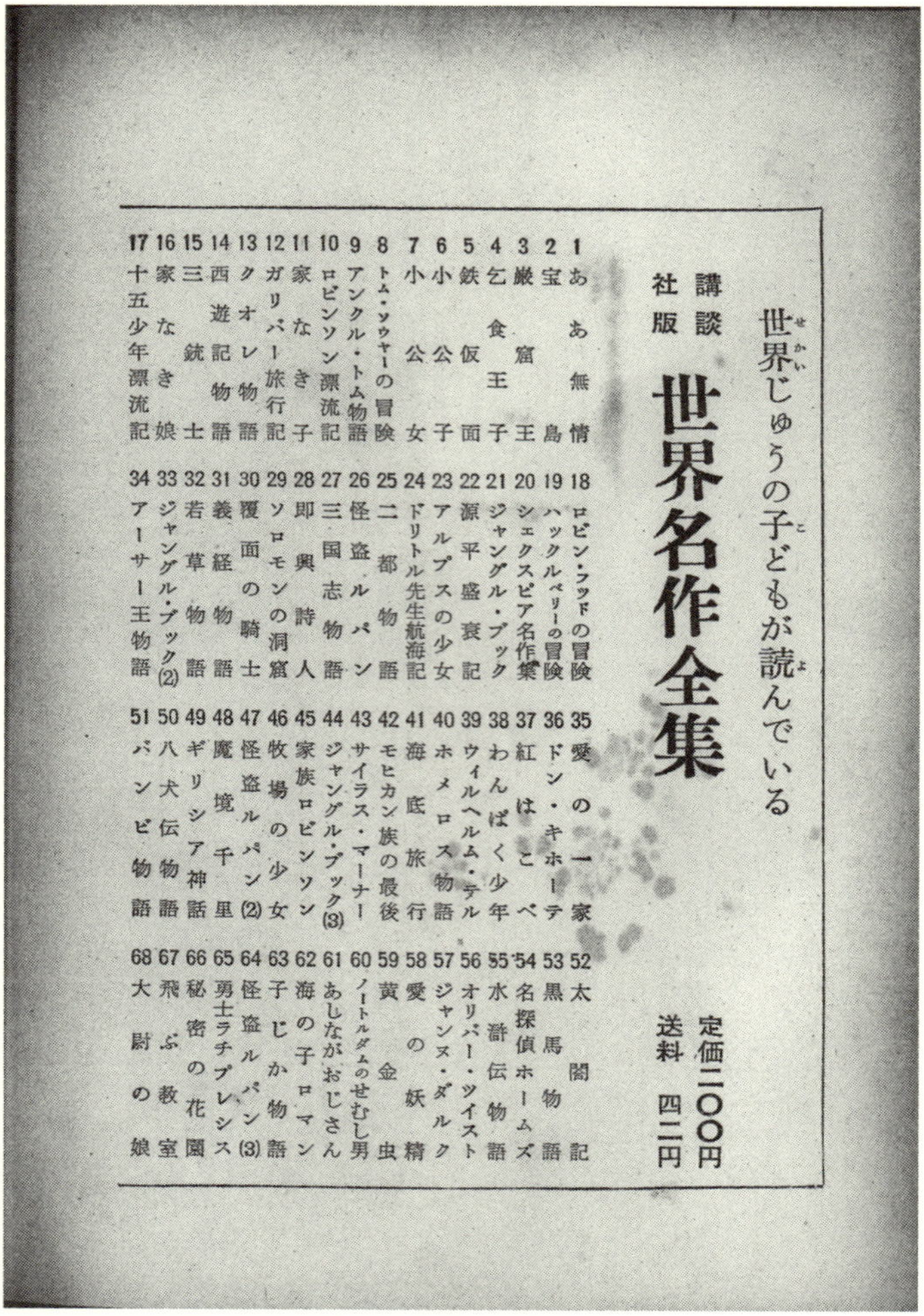

世界《せかい》じゅうの子《こ》どもが読《よ》んでいる
講談社版
世界名作全集

1 ああ無情
2 宝島
3 巌窟王
4 乞食王子
5 鉄仮面
6 小公子
7 小公女
8 トム・ソウヤーの冒険
9 アンクル・トム物語
10 ロビンソン漂流記
11 家なき子
12 ガリバー旅行記
13 クオレ物語
14 西遊記物語
15 三銃士
16 家なき娘
17 十五少年漂流記
18 ロビン・フッドの冒険
19 ハックルベリーの冒険
20 シェクスピア名作集
21 ジャングル・ブック
22 源平盛衰記
23 アルプスの少女
24 ドリトル先生航海記
25 二都物語
26 怪盗ルパン
27 三国志物語
28 即興詩人
29 ソロモンの洞窟
30 覆面の騎士
31 義経物語
32 若草物語
33 ジャングル・ブック(2)
34 アーサー王物語
35 愛の一家
36 ドン・キホーテ
37 紅はこべ
38 わんぱく少年
39 ウィルヘルム・テル
40 ホメロス物語
41 海底旅行
42 モヒカン族の最後
43 サイラス・マーナー
44 ジャングル・ブック(3)
45 家族ロビンソン
46 牧場の少女
47 怪盗ルパン(2)
48 魔境千里
49 ギリシア神話
50 八犬伝物語
51 バンビ物語
52 太閤記
53 黒馬物語
54 名探偵ホームズ
55 水滸伝物語
56 オリバー・ツイスト
57 ジャンヌ・ダルク
58 愛の妖精
59 黄金虫
60 ノートルダムのせむし男
61 あしながおじさん
62 海の子ロマン
63 子じか物語
64 怪盗ルパン(3)
65 勇士ラチプレシス
66 秘密の花園
67 飛ぶ教室
68 大尉の娘

定価二〇〇円
送料 四二円

69 白いきば
70 サーカスの少女
71 弓張月
72 ゼンダ城のとりこ
73 名探偵ルコック
74 旧約物語
75 十字軍の騎士
76 クオ・ヴァディス
77 王女ナスカ
78 あらしが丘
79 ターザン物語
80 赤毛のアン物語
81 隊長ブーリバ
82 ノンニの冒険
83 シートンの動物記
84 揚子江の少年
85 ニルスのふしぎな旅行
86 白鯨
87 怪盗ルパン(4)
88 ターザン物語(2)
89 八人のいとこ
90 新約物語
91 黒いチューリップ
92 日向が丘の少女
93 雨月物語

94 ターザン物語(3)
95 孤児デヴィッド
96 王子チャールズ
97 森の兄弟
98 捕鯨少年ピーター
99 シェクスピア(2)
100 ライラック咲く家
101 日本神話物語
102 ジェン・エア
103 ポンペイ最後の日
104 砂漠の女王
105 ジキル博士とハイド
106 ベン・ハー物語
107 海の勇者
108 ハジ・ババの冒険
109 ローランの歌
110 膝栗毛物語
111 失われた世界
112 怪盗ルパン(5)
113 虎の皮を着た勇士
114 地底旅行

115 トム・ソウヤーの空中旅行
116 平家物語
117 名探偵ホームズ(2)
118 母の曲
119 曽我兄弟物語
120 クリスマス・カロル
121 あらしの九十三年
122 ほらふき先生の冒険
123 アルプスの少年
124 ジャン・クリストフ
125 太平記物語
126 少女ケティー
127 黒い矢
128 妹のマギー
129 古城のダイヤ
130 白馬の騎手
131 ジャンニーノのいたずら日記
132 フランダースの犬
133 アラビアン・ナイト
134 マヤの秘宝

135 タルタラン物語
136 名探偵ホームズ(3)
137 コーカサスの捕虜
138 さんご島の三少年
139 戦争と平和
140 赤毛のアンの幸福
141 アラビアン・ナイト(2)
142 しろがね公爵
143 史記物語
144 アラビアン・ナイト(3)
145 開拓者バンボー
146 今昔物語
147 美しいポリー
148 荒野の呼び声
149 さすらいの少女
150 海のたか

【資料2】青梅多摩書房・目録

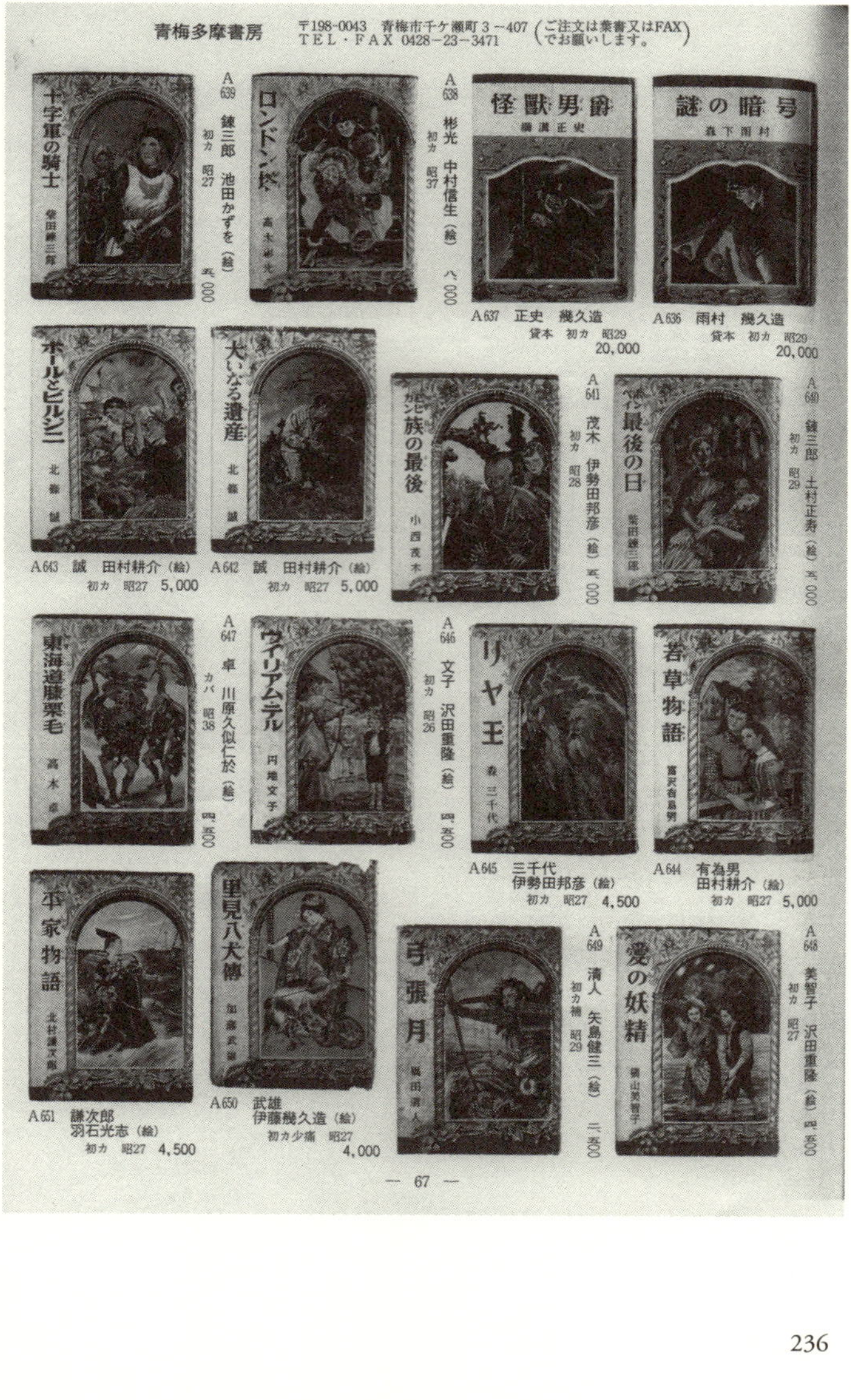

青梅多摩書房　〒198-0043　青梅市千ケ瀬町３－407　TEL・FAX 0428－23－3471（ご注文は葉書又はFAXでお願いします。）

A639　錬三郎　池田かずを（絵）　初カ　昭27　五、〇〇〇

A638　彬光　中村信生（絵）　初カ　昭37　八、〇〇〇

A637　正史　幾久造　貸本　初カ　昭29　20,000

A636　雨村　幾久造　貸本　初カ　昭29　20,000

A643　誠　田村耕介（絵）　初カ　昭27　5,000

A642　誠　田村耕介（絵）　初カ　昭27　5,000

A641　茂木　伊勢田邦彦（絵）　初カ　昭28　五、〇〇〇

A640　錬三郎　土村正寿（絵）　初カ　昭29　五、〇〇〇

A647　卓　川原久仁於（絵）　カバ　昭38　四、五〇〇

A646　文子　沢田重隆（絵）　初カ　昭26　四、五〇〇

A645　三千代　伊勢田邦彦（絵）　初カ　昭27　4,500

A644　有為男　田村耕介（絵）　初カ　昭27　5,000

A651　謙次郎　羽石光志（絵）　初カ　昭27　4,500

A650　武雄　伊藤幾久造（絵）　初カ少痛　昭27　4,000

A649　清人　矢島健三（絵）　初カ補　昭29　二、五〇〇

A648　美智子　沢田重隆（絵）　初カ　昭27　四、五〇〇

— 67 —

【資料3】改造社版世界大衆文学全集総内容・八十巻

世界大衆文學全集總内容

第一巻	鐵假面（佛國大ヂユマ）	大佛次郎（既刊）
第二巻	家なき兒（佛國マロー）	菊池幽芳（既刊）
第三巻	前線十萬（米國ヤン・ヘー）	櫻井忠溫（既刊）
第四巻	アルセーヌ・ルパン（佛國ルブラン）	保篠龍緒（既刊）
第五巻	椿姫（佛國小ヂユマ） マノン・レスコオ（佛國プレボオ）	久米正雄（既刊）
第六巻	三銃士（佛國大ヂユマ）	三上於菟吉（既刊）
第七巻	放蕩息子（英國ケイン）	菊池寛（既刊）
第八巻	ダイヤモンド カートライト事件（英國フレッチャー）	森下雨村（既刊）
第九巻	オリヴァー・ツウィスト（英國ディッケンズ）	馬場孤蝶（既刊）
第十巻	トウヱーン名作集（米國トウヱーン）	佐々木邦（既刊）

第十一巻	秘密第一號他一篇（英國ホルラア）	木村毅（既刊）
第十二巻	巴里の秘密（佛國シユー）	武林無想庵（既刊）
第十三巻	アンクル・トムス・ケビン（米國ストー）	和氣律次郎（既刊）
第十四巻	英米新進作家集（歐米諸家）	牧逸馬（既刊）
第十五巻	メトロポリス他一篇（獨逸ハルボウ）	秦豊吉（既刊）
第十六巻	カチユウシヤ（露國トルストイ）	近松秋江（既刊）
第十七巻	九十三年（佛國ユーゴー）	早阪二郎（既刊）
第十八巻	寶島他二篇（英ステイイヴンスン）	野尻清彦（既刊）
第十九巻	スペードのキング 四枚のクラブ（瑞西ヅーセ）	小酒井不木（既刊）
第二十巻	ステラ・ダラス（米國プローチー） ラ・ボエーム（佛國ミユルゼ）	森岩雄（既刊）
第二十一巻	シヤロツク・ホームズ（英國ドイル）	延原謙（既刊）

第二十二巻	ゼンダ城の虜（英國ホープ）	寺田鼎（既刊）
第二十三巻	紅蘩蔞（英國オルツイ）	松本泰（既刊）
第二十四巻	宇宙戰爭（英國ウエルズ） 海底旅行（佛國ヴエルヌ）	木村信兒（既刊）
第二十五巻	平妖傳（支那羅貫中）	佐藤春夫（既刊）
第二十六巻	ルコツク探偵 河畔の悲劇（佛國ガボリオー）	田中早苗（既刊）
第二十七巻	スカラムツシユ（米國サバチニ）	小田律（既刊）
第二十八巻	洞窟の女王 ソロモン王の寶窟（英國ハガード）	平林初之輔（既刊）
第二十九巻	海の義賊他一篇（佛國ベルネエド）	高橋邦太郎（既刊）
第三十巻	ポオ。ホフマン集（米國ポオ）（獨逸ホフマン）	江戸川亂歩（既刊）
第三十一巻	三等水兵マルチン（英國タフレイル）	福永恭助（既刊）
第三十二巻	幻島ロマンス（米國ゲール）	野口米次郎（既刊）

第三十三巻	ロモラ（英國エリオツト）	賀川豐彦（既刊）
第三十四巻	世界滑稽名作集（歐米諸家）	東健而（既刊）
第三十五巻	世界怪談名作集（歐米諸家）	岡本綺堂（既刊）
第三十六巻	世界怪奇探偵事實譚（歐米諸家）	松本泰（既刊）
第三十七巻	グランド・バビロン・ホテル（英國ベネツト）	平田禿木（既刊）
第三十八巻	水滸傳（支那施耐庵）	笹川臨風（既刊）
第三十九巻	永遠の都（英國ケイン）	戸川秋骨（既刊）
第四十巻	ロビンソン・クルーソー（英國デフオー）・十五少年（佛國ヴエルヌ）	白石實三（既刊）
第四十一巻	テス（英國ハーデイ）	廣津和郎（既刊）
第四十二巻	二都物語（英國デイツケンズ）	名原廣三郎（既刊）
第四十三巻	血と砂（西班牙イバニエス）	鈴木厚（既刊）

第四十四卷	カルメン。コロンバ（佛國メリメエ）	宇高伸一（既刊）
第四十五卷	ポムペイ最後の日（英國リツトン）	小池寛次（既刊）
第四十六卷	小公子。小公女（英國バアネツト）	佐佐木茂索（既刊）
第四十七卷	あの山越えて（米國カートン）	尾崎士郎（既刊）
第四十八卷	赤襯衣物語（佛國ゴロオー） ビムリコの博士（英國キユウ）	大木篤夫（既刊）
第四十九卷	闇を縫ふ男（英國オルチイ）	淺野玄府（既刊）
第五十卷	ガリヴアーの旅（英國スウイフト）	鈴木彦次郎（既刊）
第五十一卷	十字軍の騎士（波蘭シエンキギツチ）	森田草平（既刊）
第五十二卷	シーホーク（米國サバチニ）	小田律（既刊）
第五十三卷	黒星（米國マツカレー）	和氣律次郎（既刊）
第五十四卷	ノートルダムの傴僂男（英國ユーゴー）	松本泰（既刊）

第五十五卷	冬來なば（英國ハッチンソン）	木村　毅（既刊）
第五十六卷	クオ・ヴアチス（波蘭センキウヰッチ）	直木三十五（既刊）
第五十七卷	ラ・バタイユ（佛國フアレエル） 震天動地（佛國ルブラン）	高橋邦太郎（既刊）
第五十八卷	千一夜物語〔戀愛篇〕（レーン原譯）	森田草平（既刊）
第五十九卷	モープラ（佛國サンド）	大村雄治（既刊）
第六十卷	ソーンダイク博士（英國フリーマン）	水野泰舜（既刊）
第六十一卷	チエイン・エア〔上卷〕（英國ブロンテイ）	遠藤壽子（既刊）
第六十二卷	チエイン・エア〔下卷〕（英國ブロンテイ）	遠藤壽子（既刊）
第六十三卷	ウオタ・ベビ（英國キングスレ）	阿部知二（既刊）
第六十四卷	沙翁物語（英國ラム） ワグネル物語（英國マックスパデン）	菊池重三郎（既刊）
第六十五卷	ヴエンデッタ（英國マリー・コレリ）	千葉龜雄（既刊）

第六十六卷	聊齋志異（支那蒲松齢）	田中貢太郎（既刊）
第六十七卷	西遊記（支那邱處機）	弓館小鰐（既刊）
第六十八卷	八犬傳物語（馬琴）	内田魯庵（既刊）
第六十九卷	巖窟王〔上卷〕（佛國デュマ）	黒岩涙香（既刊）
第七十卷	巖窟王〔下卷〕（佛國デュマ）	黒岩涙香（既刊）
第七十一卷	獅子狩物語（佛國ドオデエ）	秦豊吉
第七十二卷	新聞記者スミス（米國ウツドハウス）	木村毅（既刊）
第七十三卷	カーステンの家憲（米國キニー）	早坂二郎
第七十四卷	フラウ・ゾルゲ（獨國ズウデルマン）	池谷信三郎（既刊）
第七十五卷	善良な男（佛國ドコツク）	木村信児
第七十六卷	愛國俠盗傳（英國ローマー）	寺田鼎

第七十七卷	正義の人々（英國ウォーレス）	水野泰舜（既刊）
第七十八卷	倫敦塔（英國エインズワアス）	石田幸太郎
第七十九卷	赤狼城秘傳 失踪夫人（佛國ロスニイ）	藤田龍郎
第八十卷	有效期間十日間（伊國トツデイ）	小野七郎（既刊）

【資料4】国民文庫刊行会、世界名作大観・全五十冊

世界名作大觀（五十册）の分册發賣

英國篇（十六册）巻末原文附

デエィヴィッド カッパフィルド 四册　ディッケンズ著　平田禿木譯
「彼が作中の白眉なるのみならず、**英國小説中の最大傑作である**」—佛國文藝評論家**テーヌ**評。

享樂主義者メイリアス 一册　ペイタア著　工藤好美譯
英國耽美派の大宗匠たる著者が五年間心血を濺いだ**その派の福音書と云はるゝ思索的一大物語**。

附 シャグバットの毛剃　メレデス著　皆川正禧譯
彼が散文の第一著作で、難澁な彼が諸作に於て一篇の清涼劑たる**西洋西遊記**である。

ドリアン グレエの畫像 一册　ワイルド著　平田禿木譯
鬼才ワイルドが絢爛限りなき形而下形而上の想華を**其靈筆を以て盛りなした一個寶珠の秘庫**。

附 獄中より
附錄は彼が生涯の最後に書いた**悲痛な人生記錄**。

テス 二册　ハーディ著　平田禿木譯
作家一流の宿命觀を托して深刻に描かれた**散文の一大悲劇で**彼が閲歴の最後を飾る最大力作。

チヤンス 二册　コンラッド著　平田禿木著
著者が始めて戀といふものに筆を染めて、**其傑出せる婦人觀を以て讀書界を震撼した一大傑作**。

エリア隨筆集 二册 ラム著 平田禿木譯 ラムの散文に於けるは、キイツチの詩に於ける如きもの、全篇繊細の筆に成る詩にも優る散文。

緋の文字 一册 ホオソオン著 馬場孤蝶譯 哲學的思想と科學的眼光と、その藝術的技巧とを兼ね備へた米國が生んだ哲人作家の代表作。

高慢と偏見 二册 オースチン著 野上豐一郎譯 夏目漱石氏が「寫實の泰斗として百代に君臨するに足る」と推賞した妙齢處女の著者が代表作。

附クランフアド ギヤスケル著 野上豐一郎譯 人道主義的な感情と滑稽の調合よろしきを得てゐる特色を持つた主人公のない小說。

英國篇附錄（九册）

我意の人《イゴイスト》（原文附） 二册 メレディス著 平田禿木譯 近代英文壇に於ける此の巨匠の傑作が、我文豪漱石の愛讀書たりしは文壇周知の事實。

虛榮の市 二册 サツカレ著 平田禿木譯 「虛榮の市」一册を讀めば、以てサツカレを知ることが出來るとは、英文學者間の通說である。

英國近代傑作集 一册 平田禿木譯 近代英文壇の三大巨匠、メレヂス、ハーディ、ジエームス氏等の名作短篇數種を收む。

エイルヰン物語 一册 ダントン著 戸川秋骨譯 不思議なヂプシイ民族と作者との交遊から生れた世界に類例ない現代英文學中の逸品。

カーライル佛國革命史 三册 高橋五郎譯 幸田露伴校並評 靈活無比の史筆を以て有史以來最微の民衆運動を叙した著者入神の最傑作として定評あるもの。

各國篇（十六册）

ウイルヘルム マイステル	二册	ゲーテ著 森田草平譯	詩に於てはフアスト、散文に於ては本書と云はる文聖ゲーテの二大傑作中の散文の代表作。
詩と眞實（ゲーテ自傳）	二册	ゲーテ著 増富平藏譯	自己の存在に正しい解明を與へんとする著者の過去の告白で、其自敍傳でもあり別傳でもある。
ドン・キホーテ	二册	セルヴアンテス著 森田草平譯	西班牙の國寶的古典に止らず、世界古典の三大絶唱の一である。（鮮麗の名畫十四葉を挿む）
ガリヴアの旅	一册（合本）	スウイフト著 野上豐一郎譯	世界最大の諷刺小說、夏目漱石氏も「古今の傑作」と絶稱してゐる名編。（挿繪十一葉）
沙翁物語		ラム著 平田禿木譯	ラムの前に沙翁物語なくラムの後に沙翁物語なしと云はるゝ物語本の絶稱で、戲曲廿編の散文化。
椿姫	一册（合本）	小デユーマ著 森田・關口共譯	人口に膾炙された巴里歡樂界の艶人傳、名優サラベルナールの妙技に更に其名を高めた名作。
タイス		フランス著 森田・關口共譯	アナトールフランスの作品中、構想の演劇的で文章の最も華麗を極めた傑作で、埃及の艶人傳。
マリ・バシユキルツエフの日記	二册	野上豐一郎譯	天才少女の自敍傳、トルストイ翁も讃嘆措かざりしもの、其告白の眞實性に於て無比の人生記錄。
モンテーヌ隨筆集	二册	高橋五郎・栗原古城共譯	今古の名著で、ベーコンや沙翁も此書から多大の稗益を被つたと認めてゐる程の思想の寶庫。

千一夜物語 四册 森田草平譯

世界古典の三大絶唱の一で、全歐洲の定本たるレーンの英譯本に依る完譯。（挿繪三十六葉）

各國篇附錄（九册）

十日物語《デカメロン》 一册 ボッカツチヨ著 戸川秋骨譯

文字あつて以來、本書位奇拔な面白い書物はあるまい。古往今來一あつて二なき天下の奇書。

戰爭と平和 三册 トルストイ著 馬場孤蝶譯

前後七年の星霜を經て完成した大著て、露國當時の上層社會の生活が生ける如く展開する名篇。

先覺 一册 メレジコフスキー 戸川秋骨譯

文明批評家たる著者の有名な三部小說中の傑作、評論にして傳記、傳記にして西歐全體の藝術論。

プルターク英雄集 四册 高橋五郎譯 幸田露伴校並評

今古東西を空しうする世界人物傳中の白眉、評傳するところは希臘、羅馬の英雄偉傑計五十人。

全五十册 四六版、總クロース製 天金、一册約七百餘頁

分册 **定價一册金貳圓**

▽詳細「見本」御申越次第送呈

發行所 東京市神田區小川町一ノ六 電話神田五三五番八三八番 振替東京一八五七二番

國民文庫刊行會

【資料5】「大日本文明協会叢書」書影

【資料6】「大日本文明協会役員」一覧

大日本文明協會役員

本會會長　伯爵　大隈重信

本會評議員（イロハ順）

東京帝國大學文科大學教授　文學博士　井上哲次郎
東京帝國大學農科大學教授　理學博士　石川千代松
東京帝國大學農科大學教授　法學博士　和田垣謙三
東京高等師範學校校長　嘉納治五郎
早稲田大學學長　法學博士　高田早苗
早稲田大學教授　文學博士　坪内雄藏
東京帝國大學文科大學教授　文學博士　上田萬年
早稲田大學教授　法學博士　浮田和民
東京帝國大學農科大學學長　理學博士　松井直吉
東京帝國大學工科大學教授　實業學務局長　工學博士　眞野文二
「日本及日本人」主幹　文學博士　三宅雄二郎
東京帝國大學文科大學教授　文學博士　元良勇次郎

本會編輯長　法學博士　浮田和民
本會編輯主任　杉山重義

本會理事　江藤哲藏
本會理事　磯部保次

【資料7】雑誌大取次の変遷

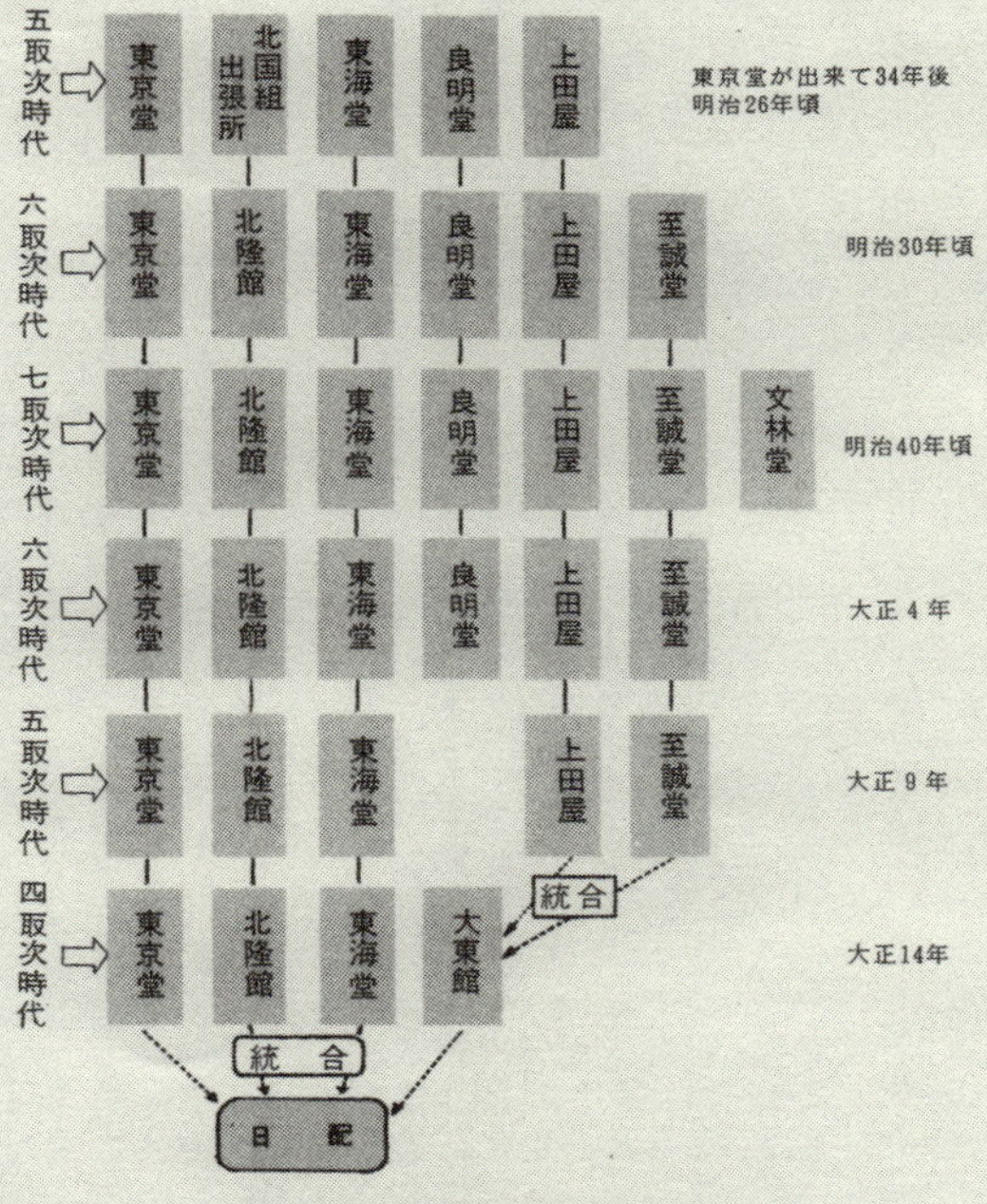

雑誌大取次の変遷（『出版販売小史』東京出版販売株式会社，1959年より）

45

大川屋出版書目録

○侠藝者 全二冊
○笠森團子 全二冊
○蒲鉾屋殺シ 全二冊
○大悪僧 全一冊
○馳小僧 全二冊
○南京松 全一冊
○海賊房次郎 全二冊
○蜆のお政 全二冊
○五寸釘寅吉 全三冊
○探偵小説黒眼鏡 饗本破笠著
○探偵小説 夜叉夫人 二葉著
○探偵小説人之妻
○探偵小説 月夜犯罪 省軒外史著
○探偵小説 車中ノ毒針 英人ブラック演
○探偵小説 小野清司 春櫻亭小三口演
○探偵小説 お茶水婦人殺
○探偵小説 空屋美人 松林伯知口演
○探偵小説記留物 笠園主人譯
○探偵小説 小岩村夫殺し

○大詐欺師 千坂光子 涙香小史著
○有罪無罪 全 著
○玉手箱 全 著
○妾之罪 全 著
○決闘ノ果 全 著
○銀行賊 全 著
○片手美人 全 著
○花梅郎 全 著
○人耶鬼耶 全 著
○操競女學校 三遊亭圓朝口演
○業平文治漂流奇談 三遊亭圓朝口演
○栗田口霑笛竹 全
○鏡ヶ池操松影 全
○菊摸樣千代鑑 全
○敵討霞初しま 全
○松之操美人生埋 全
○荻江一節 全
○松と藤藝者替紋 全
○雨夜之引窓 全
○蝦夷錦 全
○鶴殺疾刃庖刀 全

菊版小説ノ部

○熱海土産温泉利書 三遊亭圓朝口演
○敵討札所靈驗 全
○歐洲小説黄薔薇 全
○雪月花一題噺 全
○圓朝子ノ傳 全
○大岡裁判 烟草屋喜八 桃川燕林口演
○大岡裁判 富田屋政談 全
○大岡裁判 村井長庵 全
○大岡裁判 畔倉重四郎 全
○柳生旅日記 桃川燕林口演
○兩面藤三郎 全
○毛剃九右衛門 全
○眞柄十郎左衛門 全
○大岡裁判 後藤半四郎 全
○栗山大膳忠誠録 桃川如燕口演
○怪談小はた小平次 全
○徳川外傳流ノ遺浪 全

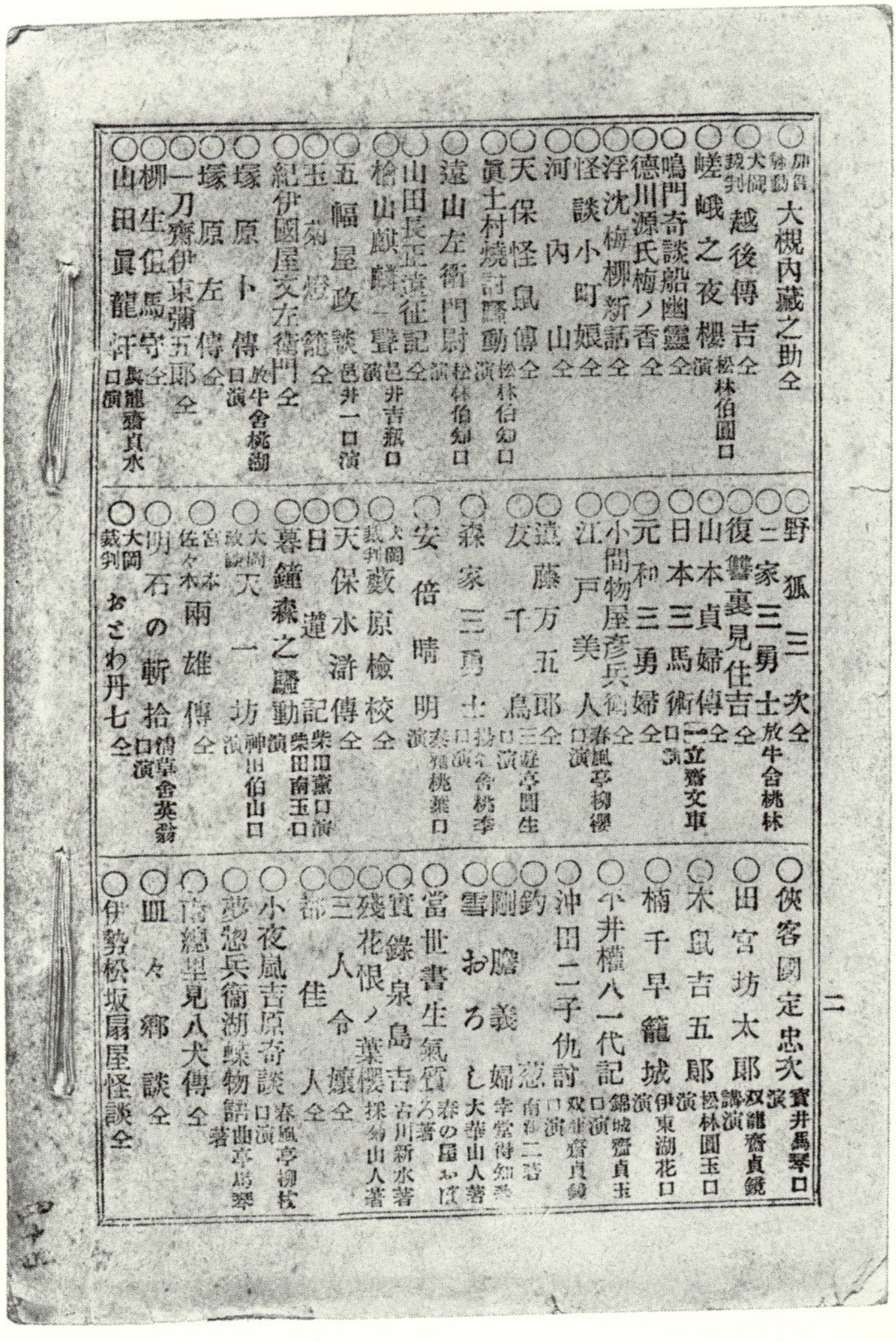

○御家騒動 大槻内藏之助 全
○大岡裁判 越後傳吉 全
○嵯峨之夜櫻 演 松林伯圓口
○鳴門奇談船幽靈 全
○德川源氏梅ノ香 全
○浮沈梅柳新話 全
○怪談小町娘 全
○河内山 全
○天保怪鼠傳 全
○眞土村燒討騒動 演 松林伯知口
○遠山左衛門尉 演 松林伯知口
○山田長正遠征記 全
○檜山麒麟一揆 演 邑井吉瓶口
○五幅屋政談 邑井一口演
○玉菊燈籠 全
○紀伊國屋文左衛門 全
○塚原卜傳 口演 放牛舎桃湖
○塚原左傳 全
○一刀齋伊東彌五郎 全
○柳生但馬守 全
○山田眞龍汗 口演 眞龍齋貞水

○野狐三次 全
○二家三勇士 放牛舎桃林
○復讐裏見住吉 全
○山本貞婦傳 全
○日本三馬術 口演 一立齋文車
○元和三勇婦 全
○小間物屋彦兵衛 全
○江戸美人 口演 春風亭柳櫻
○遠藤万五郎 全
○友千鳥 口演 三遊亭圓生
○森家三勇士 口演 揚名舎桃李
○安倍晴明 演 春錦亭桃葉口
○大岡裁判 藪原檢校 全
○天保水滸傳 全
○日遣記 柴田薫口演
○幕鐘森之騒動 演 柴田南玉口
○大岡政談 天一坊 演 神田伯山口
○宮本佐々木 雨雄傳 全
○明石の斬拾 口演 情草舎英翁
○大岡裁判 おさわ丹七 全

○俠客國定忠次 演 寶井馬琴口
○田宮坊太郎 講演 双龍齋貞鏡
○木鼠吉五郎 演 松林圓玉口
○楠千早籠城 演 伊東湖花口
○平井權八一代記 口演 錦城齋貞玉
○沖田二子仇討 口演 双龍齋貞鏡
○釣忍 南翠二著
○剛膽義婦 幸堂得知著
○雪おろし 大華山人著
○當世書生氣質 春の屋おぼろ著
○實錄泉島吉 古川新水著
○殘花恨ノ葉櫻 採菊山人著
○三人令孃 全
○都佳人 全
○小夜嵐吉原奇談 口演 春風亭柳枝
○夢惣兵衛湖蝶物語 著 曲亭馬琴
○南總里見八犬傳 全
○皿々鄉談 全
○伊勢松坂扇屋怪談 全

二

【資料9】地方三十四の「大売捌所」

大賣捌所

大坂 吉岡平助
同 柳原喜兵衛
同 梅原龜七
同 松村九兵衛
同 岡嶋眞七
同 平井新聞舗
京都 東枝律書房
同 大黒屋書舗
名古屋 川瀬代助
神戸 熊谷久榮堂
同 船井新聞舗
熊本 長崎次郎
仙臺 木村文助
同 佐勘書店
弘前 野崎九兵衛
長岡 大橋書房
水原 西村六平

金澤 雲根堂
鹿児嶋 富山仲吉
同 吉田幸兵衛
四日市 伊藤善太郎
静岡 廣瀬市藏
甲府 五明堂
同 柳正堂
松本 水琴堂
長野 西澤喜太郎
長崎 鶴野常藏
同 安中半三郎
博多 林斧助
大分 山川正三郎
岡山 武内彌三郎
廣嶋 松村善助
松江 川岡清助
山口 清水一二三堂

五八四

【資料10】『トルストイ全集』の広告

大正7年9月29日付『讀賣新聞』所載の「春秋社杜翁全集刊行会＝関係者の集り」

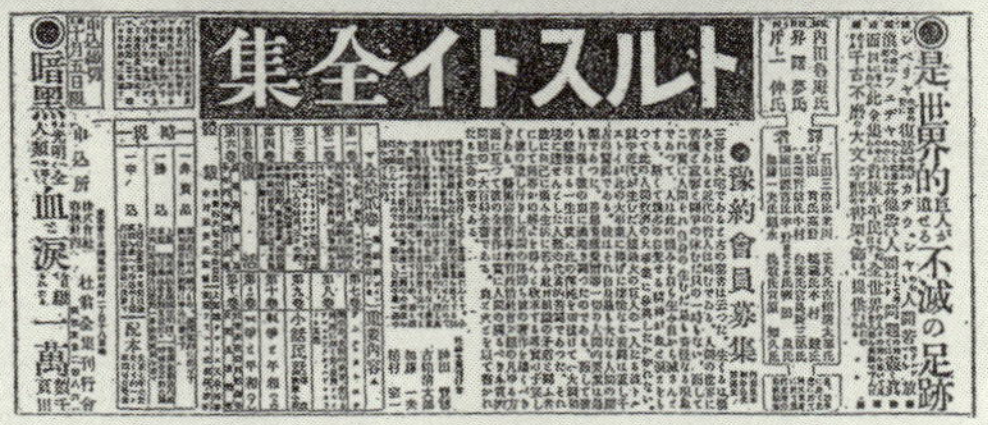

大正7年9月12日付『東京日日新聞』の『トルストイ全集』広告

大正7年9月26日付『東京日日新聞』の『トルストイ全集』広告

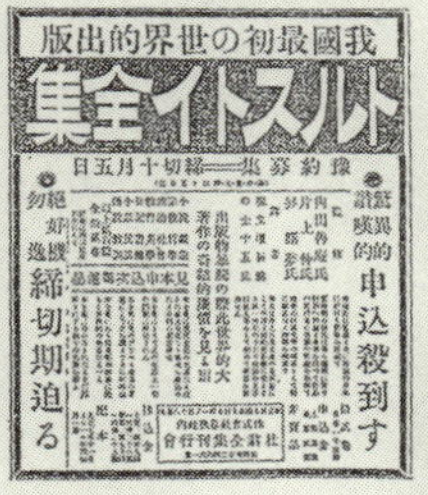

『トルストイ全集』初版本表紙および背（装幀者・中村祐美）

234

【資料11】宮武外骨の「全集の全集」

全集の全集

世界大皮相全集
現代大衆文盲全集
誤字誤譯全集
見本立派全集
舊版丸抜全集
盲目千人全集
新聞社大儲全集
豫約者後悔全集
古本洪水全集
豫想裏切全集
紙屋踏倒全集

現代人眞似全集
日本愚筆全集
駄法螺宣傳全集
内容空疎全集
粗製濫造全集
衆愚雷同全集
安からう惡からう全集
不讀ツンドク全集
縁日安賣全集
中途ヘコタレ全集
發行元夜逃全集

四九

あとがき

本書の成立事情を記す。――日本古書通信社の樽見博氏からお誘いを受け、『日本古書通信』に「古本屋散策」を連載して、早いもので六年以上が経つ。当初古本に関する文章をアト・ランダムに書いていくつもりで始めたのだが、次第にのめりこんでしまい、古本屋の均一台から大量に本を買いこみ、山なすばかりになってしまった。それと同時に古本を買うことや読むことも出版史を学ぶスリリングな体験、未知の世界をめぐる冒険であることにあらためて気づいた。

そこで「古本屋散策」の五枚では収まらない古本エッセイを書いてみようと思った。そうでもしないと、本が片づけられないという事情に迫られたからでもある。内容に関して一言添えれば、「小林勇と鐵塔書院」と「春秋社と金子ふみ子の『何が私をかうさせたか』」は『彷書月刊』(二〇〇二年三月号、〇四年二月号)、「近代社と『世界童話大系』」は『出版ダイジェスト』(二〇〇四年十一月十一日号)掲載のものを改稿加筆している。他の二十二編は書き下ろしである。

もし読者を得られるようであれば、すでに二千枚ほど書きためているので、順次刊行していきたい。また雑誌編も脱稿しているので遅からず刊行できるであろう。どうか読者と出会えますように。続けて出してくださる森下紀夫氏に深謝する。

二〇〇八年九月

著者

小田光雄（おだ・みつお）
1951年静岡県生まれ。早稲田大学卒業。出版社の経営に携わる。著書『〈郊外〉の誕生と死』（青弓社）、『図書館逍遥』『文庫、新書の海を泳ぐ』（編書房）、『書店の近代』『ヨーロッパ 本と書店の物語』（平凡社新書）、『民家を改修する』『出版業界の危機と社会構造』『出版社と書店はいかにして消えていくか』『ブックオフと出版業界』（論創社）、訳書『エマ・ゴールドマン自伝』（ぱる出版）、エミール・ゾラ『ごった煮』『夢想』『壊滅』『ナナ』『パスカル博士』『ナナ』『大地』『生きる歓び』『プラッサンの征服』『ジェルミナール』（論創社）など。
論創社ホームページに「出版状況クロニクル」を連載中。

古本探究

2009年2月15日　初版第1刷印刷
2009年2月20日　初版第1刷発行

著　者　小田光雄
発行者　森下紀夫
発行所　論 創 社
東京都千代田区神田神保町2-23　北井ビル
tel. 03（3264）5254　fax. 03（3264）5232　web. http://www.ronso.co.jp/
振替口座　00160-1-155266

印刷・製本　中央精版印刷

ISBN978-4-8460-0700-3